全國重點文物保護單位
官渡妙湛寺金剛塔

昆明市官渡区文化和旅游局（官渡区文物局）
昆明市官渡区博物馆 编著

文物出版社

图书在版编目（ＣＩＰ）数据

全国重点文物保护单位官渡妙湛寺金刚塔 / 昆明市官渡区文化和旅游局（官渡区文物局），昆明市官渡区博物馆编著. -- 北京 : 文物出版社, 2020.10
ISBN 978-7-5010-6474-8

Ⅰ. ①全… Ⅱ. ①昆… ②昆… Ⅲ. ①佛塔－古塔－介绍－官渡区 Ⅳ. ①K928.75

中国版本图书馆CIP数据核字(2019)第269485号

全国重点文物保护单位官渡妙湛寺金刚塔

编　　著：昆明市官渡区文化和旅游局（官渡区文物局）
　　　　　昆明市官渡区博物馆

题　　签：刘建坤
封面设计：刘建坤　马　原
责任编辑：孙漪娜
责任印制：张道奇

出版发行：文物出版社
社　　址：北京市东直门内北小街2号楼
邮　　编：100007
网　　址：http://www.wenwu.com
邮　　箱：wed@wenwu.com
经　　销：新华书店
印　　刷：昆明亮彩印务有限公司
开　　本：889mm×1194mm　1/16
印　　张：8.75
版　　次：2020年10月第一版
印　　次：2020年10月第一次印刷
书　　号：ISBN 978-7-5010-6474-8
定　　价：128.00元

《全国重点文物保护单位官渡妙湛寺金刚塔》编委会

主　　任：马春梅

副 主 任：海志强　饶　姝

主　　编：刘建坤

副 主 编：蒋学林　张　英　梅丽琼

编　　委：蒋学林　刘建坤　张　英　梅丽琼　马　原　罗曼丽

撰　　文：卜保怡

摄　　影：卜保怡　刘建坤　黄　冶

前言

神秘的官渡妙湛寺金刚塔

我第一次见到官渡金刚塔是在1978年夏天。那时，我在关上教书，学校师生参加疏浚宝象河一星期的义务劳动，大家自带行李，前往官渡。当运送我们的卡车穿过官渡古镇狭窄的街道前往驻地官渡小学时，在一个十字路口处，一座体量庞大、造型奇特的石塔蓦然出现在眼前。在四周杂乱的两层重檐老屋簇拥中，它显得那么伟岸、雄实、秀丽，且令人震撼。这座石塔全部用砂石砌筑，无论是从建筑式样还是建筑材料来看，与官渡同时期的建筑，乃至与云南同时期的建筑都迥然不同。

然而，这座石塔当时已经沉陷在一个深坑之中，仿佛掉落于陷阱之中的巨象，一身尘土，一身疲惫，在无声的挣扎、呻吟，令人叹息。

那几天，我们每天的任务是用大脸盆将宝象河底的淤泥传递上岸。每天前往工地和归来的路上，都会从这座石塔前经过。每次，我都忍不住停下脚步欣赏。偶然，从一块水泥制作的标志碑上，我得知这座石塔叫作“金刚塔”，建于明代，属于云南省1965年公布的第一批省级文物保护单位。

省级文物保护单位，又是第一批，说明这座金刚塔有着重要的历史和艺术价值。然而，向当地人打听，也仅知道它的俗名叫作“穿心塔”，是老祖宗留下来的。除此之外，并没有更多的信息。金刚塔，笼罩着神秘的面纱。

一周时间匆匆而逝，但这座金刚塔却在我心中留下了深深的烙印。此后多年，由于工作调动离开了官渡区，一直没有机会对这座金刚塔进行深入的调查研究。

1996年，国务院公布妙湛寺金刚塔为全国重点文物保护单位，这座“穿心塔”进入“国保”行列，受到了广泛关注。此时，我由于工作关系，也开始了对妙湛寺金刚塔的调查研究。

2002年7月13日，重达1350吨的妙湛寺金刚塔在现代科技的帮助下，从螺蛳壳堆积层上成功地整体顶升了2.7米，恢复了往日的风采，昂首挺胸，屹立在这古老又充满生机的土地上，如同一位忘却凡尘、静心修行的老僧突然醒来，容光焕发、精神抖擞地走到聚光灯下，以他渊博的学识向人们讲述历史沧桑；又如同一位风姿绰约的少女，尽情向人们展示她的美丽、才华，讲述她的希望与梦想。

官渡妙湛寺金刚塔成为昆明历史文化名城的重要标志性建筑，每次站立于这座古老的建筑前，总有一些问题萦于脑海。

从塔形分类上说，“妙湛寺石塔”属于金刚宝座塔类型，这种形制在中国并不多见。唐宋时期，由于佛教的流行，云南和昆明地区都建造了不少佛塔，但都是密檐式塔。到了明代初期，昆明建塔依然多为密檐式，从未出现过金刚宝座塔。但到了明天顺二年（公元1458年），官渡地区为何会突然建造一座雄伟的金刚宝座塔呢？

目前，我国完整保留下来的金刚宝座塔仅有九座（另有三座属衍化金刚宝座塔）。从这九座金刚宝座塔建造时间看，官渡金刚宝座塔仅晚于山西五台山圆照寺的室利沙舍利塔24年，而早于著名的北京真觉寺金刚宝座塔15年。

金刚宝座塔为何较早出现在滇池之滨的昆明官渡？是谁，为什么建造了它？它与其他同类塔有什么关系？它独特的造型表达了怎样的宗教寓意和世俗观念？在我国佛教建筑艺术史上有什么价值？

五百多年来，岁月沧桑，妙湛寺及其周边的大多数古建筑几经兴衰，屡毁屡建，而妙湛寺金刚塔历经天灾人祸却一直屹立不倒，这又是什么原因呢？

这些问题赋予了这座古塔更多的神秘感。为了回答这些问题，揭开笼罩在妙湛寺金刚塔上的神秘面纱，我搜寻相关史料，细细研判有关碑文，开始了妙湛寺金刚塔“探秘”之旅。在这一进程中，得到时任云南省文化厅副厅长熊正益、官渡区文体局局长马春梅以及官渡区博物馆同仁的支持和帮助，使我得以查阅到许多珍贵的资料。

这本小书，仅仅是我对妙湛寺金刚塔研究的阶段性小结，现汇编成册，抛砖引玉，以期官渡妙湛寺金刚塔的研究能够引起关注，更加深入。

卜保怡

2019年2月

目 录

第一部分 佛教密宗与金刚塔

第二部分 官渡妙湛寺金刚塔

第三部分 我国现存金刚宝座塔

第一部分　佛教密宗与金刚塔

一　金刚宝座塔的起源与宗教含义

（一）金刚宝座塔的源头——菩提伽耶大塔

印度东北部比哈尔邦中部格雅城南11千米处帕尔古河岸的菩提伽耶，相传是佛祖释迦牟尼悟道成佛之地，与释迦牟尼的诞生地兰毗尼、讲经传法处鹿野苑和圆寂之地拘尸那罗一起，被称为佛教信徒心目中的四大圣地。

公元前6世纪，在古印度北方，有一个释迦族人建立的迦毗罗卫国，其国都为蓝毗尼（今属尼泊尔境内），君主称为净饭王。公元前565年[①]，净饭王的儿子诞生，取名乔达摩·悉达多。

乔达摩·悉达多的母亲摩耶夫人在生下他七天后就离开人世。悉达多自幼就在父亲净饭王呵护下成长，丝毫不知人间疾苦。后来，悉达多与表妹成亲，并育有一子。相传悉达多曾驾车出游，在路上看到了人们对生老病死的感伤和苦恼，深感震憾。他听说出家修道可以解脱人世苦难，便不顾父王的多次劝阻，29岁时毅然离开妻儿，舍弃王族生活，出家苦行，云游四方，以期寻求人生苦难的根源，寻找解脱苦难的方法。

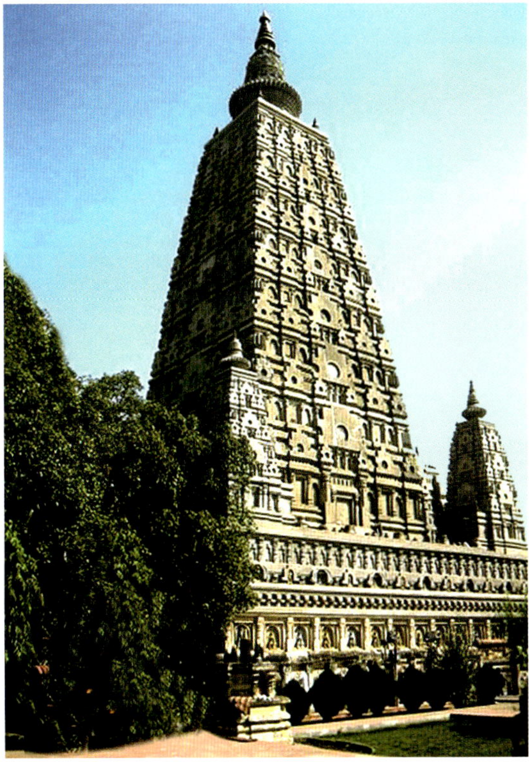
印度菩提伽耶大塔

悉达多用了6年的时间，走遍印度各地，了解社会各阶层的生活和思想，拜访各种修道高人，并对所见所闻苦苦思索。即便他已形容枯槁，精疲力竭，但还是未得悟解脱之道。于是他放弃苦修，到尼连禅河中沐浴，洗去一身积垢，随后攀树枝上岸，喝了牧羊女奉献的乳粥之后，便来到了菩提伽耶一棵大菩提树下打坐静思，发誓如若不能大彻大悟，则终身不起。他就这样苦思冥想了七天七夜，终于在一个月圆之夜后的黎明时分豁然开朗，彻悟了人生无尽苦恼的根源和解脱的方法。此后，他将其所悟真谛整理为一套以唯心思辨为基础的世界观和人生观，形成基本教义，并在鹿野苑设坛宣讲。

由于乔达摩·悉达多的理论产生于在菩提伽耶冥思苦想后的“觉悟”，而在梵文中“觉悟”一词的音译为“佛陀”。此后这套理论便逐渐形成佛教经典。乔达摩·悉达多也被尊称为释迦牟尼，意思

①现存的不同佛教典籍中，对于释迦牟尼的生卒年代，有着不同的记载。这里采用北传佛教的说法。

是释迦族的圣人。

佛教传入中国后，释迦牟尼被意译为“能仁寂默”。“能仁”是说他能以仁德来普济一切众生。能仁就是“慧”。“寂默”就是岿然不动的意思，这就是“定”。因此，释迦牟尼悟道成佛时在菩提树下打坐的地方被称为金刚座。

所谓“金刚座”，大致有三层含义。其一，佛陀成佛之地，犹如金刚一样坚固，“大地震动独无倾摇”①；其二，以金刚喻佛法“业用锐利”，犹如金刚宝石之坚固，不为一切烦恼所破，不为外物所坏；其三，凡欲成佛者，必须以坚定的意志，入金刚定，摧毁所有的烦恼而大彻大悟。

印度伽耶城的菩提树和金刚座

公元前3世纪，印度孔雀王朝第三任国王阿育王大兴佛法，为纪念释迦牟尼，在释迦牟尼悟道成佛之地用石栏楯柱将金刚座和菩提树围绕起来，并在旁边兴建了佛塔和菩提寺。但由于该处寺塔屡毁屡建，阿育王所建寺塔的式样已不可知。

公元5世纪，笈多王朝在阿育王所建寺塔原址重建了寺塔结合的菩提伽耶大塔，又称为菩提伽耶正觉塔、菩提伽耶寺，是一座五塔并立的佛塔。此后该塔经过多次重建，但都保留了五塔并立、塔中有寺的基本形制。现存的菩提伽耶大塔系1970年修复。

菩提伽耶大塔的塔座边长15米，塔高约10米；塔座正中开门，内有佛殿，供释迦牟尼金身佛像。塔座上五塔并立，中塔高40米，四角的小塔高10米许。五塔高矮相差虽大，但形制相同，塔身皆为四面方锥体，顶部为螺旋圆柱状，上立一十三天塔刹。塔身布满形态各异的佛像。

从现有资料看，菩提伽耶大塔的兴建及其样式与佛教密宗并无紧密关系，因为无论是孔雀王朝的阿育王时期还是笈多王朝时期，虽然五塔并立的塔式在印度已经出现，但密宗（纯密）尚未形成。因此，五塔并立的塔式不一定是金刚宝座塔。如柬埔寨吴哥窟的中心塔和一些小乘佛教塔与佛教密宗并无关联，不称为金刚宝座塔。而且，菩提伽耶大塔本不属于金刚宝座塔的范畴，直到公元7世纪，密宗形成，由于菩提伽耶大塔五塔形式与密宗五部五佛观念相吻合，于是，密宗金刚界便将伽耶大塔五塔演绎为同样是五塔并立的金刚宝座塔，作为神圣曼荼罗之一。后来宗教界、建筑界，便把佛陀伽耶大塔作为

①［唐］玄藏、辩机著，季羡林等校注：《大唐西域记校注》，中华书局，1985年，第668页。

金刚宝座塔的源头①。

（二）金刚宝座塔的宗教意蕴——佛教密宗金刚界部众三昧耶形曼荼罗

金刚宝座塔是众多佛塔中的一个类型。金刚宝座塔与佛教密宗的形成与发展有密切的关联，它属于佛教密宗的一种佛坛——金刚界部众三昧耶形曼荼罗。

1. 佛教的显宗和密宗

佛教理论的核心是“四谛”。“谛”即真理，“四谛”也就是苦、集、灭、道四个真理。“苦谛”是说人的一生皆苦。“集谛”指人生皆苦的原因，即是因为人有各种各样的贪欲。“灭谛”是说要摆脱苦就要消灭欲望。“道谛”是说消灭贪欲、脱离苦海，到达幸福彼岸的方法和途径。

从逻辑上看，佛教的“四谛”比较简洁，通俗易懂，但在佛教典籍中，其论述还是相当精细。不仅“四谛”分为生灭四谛、无生四谛、无作四谛、无量四谛等，而且每一“谛”还都有详细的分类。如苦谛有生、老、病、死、怨憎会、爱别离、求不得以及五盛阴苦等八苦。集谛有见惑八十八使和思惑八十一品的烦恼，而要消灭欲望需修行三十七助道品。由此可见，佛教的教义极为复杂，大到宇宙洪荒，小到刹那思绪，无不详加剖析，并渐次增进，构成思辨缜密的庞大思维体系。

照理说，修行成佛的主要渠道是认真学习研读佛教经典，领悟其中的奥妙以征服人生业障，达到彻悟的彼岸，这需要一个逐渐开悟的漫长过程，一般信众难以做到。因此，简捷易行的修行方式，即所谓“方便法门”，便成为佛教广泛传播的关键一环。

于是，释迦牟尼当年在伽耶城外菩提树下的“顿悟”成为拜佛修行者关注的焦点：释迦牟尼在伽耶城外的菩提树下到底是如何仅用了七天七夜就悟道成佛了呢？释迦牟尼生前对此没有明示。这便成为佛教的一大秘密。

释迦牟尼圆寂数百年后，据说有高僧在一座铁塔内发现了他留下的记述“顿悟”的秘籍。这些秘籍不便公开宣讲，于是采用了颇为隐秘的方法暗相传授，秘密进行，从而形成了佛教“密宗”②。

密宗出现之后的数百年间，由于其隐秘的暗相传授方法，一直发展缓慢，影响不大。公元7世纪中叶，密教吸收了诸多土著宗教和民间信仰的成分并受到婆罗门教等印度宗教影响，形成著名的密教经典《大日经》（全称《大毗卢遮那成佛神变加持经》）和《金刚顶经》（全称《金刚顶一切如来真实摄大乘现证大教王经》）之后，才宣告了独立的密教体系的确立，形成与佛教显宗并列的佛教流派。为此，人们将这两部大经以前出现的密教，称为前期密教，又称杂部密教、杂密、旧密，而将以两部大经为代表开始的密教，称为中期密教，又称纯正密教、瑜伽密教、纯密、新密。

①郑琦：《中国金刚宝座塔探微》，《华中建筑》2008 年第 26 卷，第 176 页。

②南怀瑾：《道家、密宗与东方神秘学》，复旦大学出版社，1996 年，第 8 页。

相对“暗相传授”的密宗，公开宣讲习读经典的修行就称为显宗。所谓“显”，就是公开讲经说法，研习经典，直接教化，开启善心。此时，智慧积聚、真智圆满的佛陀应众生所感而现身显示，与信众同在。因此，显宗以报身佛释迦牟尼为主尊。所谓“密”，即认为佛陀积聚的理法，遍一切处而又虚空，而佛内心证悟的真理的秘密，可以通过导师用神秘的方法直接点化，并通过一定的仪轨消除业障，从而修成正果。密宗主尊是法身佛大日如来。释迦牟尼和大日如来其实都是一尊佛，只不过称谓不同，修行的方法不同，但成佛的目的是一致的。

由于密宗强调的是按照一定的仪轨，通过师徒之间“暗授”真言秘咒的方法立地成佛，对于缺乏文化的社会底层的受众，有着简便易行的优势，因此具有强大的传播基础。

2. 密宗的金刚界和胎藏界

要真正读懂密教的《大日经》《金刚顶经》这种佛学经典并不容易，但密宗的师徒传授并不一定是通过讲授和诵读典籍，还会将经典中阐述的佛理提炼简化为形象化的语言或直接以象征性的器物表达，便于广大信众接受。

简单地说，密宗的根本教理，认为宇宙万法都是大日如来的显现。大日如来圆具“理”“智”二德。因此密宗世界分为代表“理性”的“胎藏界”和代表“智德”的“金刚界”。

之所以称“理性”为“胎藏界”，是由于密宗认为大日如来之“理性”如同母胎孕育婴儿。诞育时，“理性”的根芽皆悉备足。这是“觉悟”的根本原因，也是成佛的依据。只需渐次增长，依真言问学修行，就能净心显现，随缘利物，济度众生，立地成佛。其主要经典为《大日经》。

之所以称“智德”为“金刚界”，是由于金刚极其坚固，表示如来的“智德”不为外物所坏，又能摧破一切烦恼。这个“智德”是修证之“果”，属于断惑所得的“觉悟”，是自行修证而来。其主要经典为《金刚顶经》。

胎藏界强调的是成佛的“因”，金刚界强调的是成佛的“果”。“理、智”圆融，乃一体之两面。需要说明的是，金刚界和金刚座有联系，但有所不同。金刚界和金刚座都有坚不可摧的意思，但金刚界指的是密宗的体现“智德”的一个界别，而金刚座指的是顿悟成佛之地。因此，在金刚宝座塔上，五座塔象征五佛，各座单塔下设金刚座，但整座塔的基座并不称为金刚座。

3. 金刚界五部五佛

佛教密宗无论是胎藏界或金刚界，都依不同侧重的教理分部。如胎藏界分为佛、莲花、金刚三部，分别代表大定、大悲、大智三德。金刚界分为佛、金刚、宝、莲花、羯磨五部。每一个部，都有一佛祖。金刚界五部即有五佛，分别代表法界体性智、大圆镜智、平等性智、妙观察智、成所作智五种智慧。

金刚界为什么分为这五种智慧呢？这是因为佛教认为人们通过眼、耳、鼻、舌、身五根感受并采用色、

唐卡坛城之一

受、想、行、识这五类的方法认识世界上金、木、水、火、土聚合而成的“五蕴”，产生色、声、香、味、触“五境”，如果认识不清楚，就会产生贪、瞋、痴、慢和嫉妒五烦恼。因此，认识世界离不开五种智慧，靠的是五佛的启示。

为了体现佛法无边，佛教无限时间、无限空间无所不在的思想，密宗还把宇宙世界分为中、东、南、西、北五个部分，各有佛祖统领，并有相应的菩萨、明妃、护法等，组成五个次佛国系统。于是便出现了五佛，这就是居中的大日如来、东方阿閦佛、南方宝生佛、西方阿弥陀佛和北方不空成就佛。

唐卡坛城之二

唐卡坛城之三

五部五佛五智是密教金刚界的根本哲学思想，并构成了金刚界曼荼罗的基本结构体系。密宗信众在用建筑手法制作曼荼罗时，主要显示的就是五部五佛。

4. 密宗佛坛

密宗注重修行成佛的方便与快捷，强调“菩提心为因、大悲①为根本、方便为究竟”②。为了使复杂深奥的教理教义形象化，便用“曼荼罗”的形式作为表达。

曼荼罗是梵文Mandala的音译，有的也译为“曼陀罗”，意译为“坛场”“坛城”，也就是通常所说的佛坛。佛坛是佛菩萨以及护法圣贤聚集之处，因而聚集了一切功德，是密教传统的修持能量的中心。密宗认为：修法之际，身在“坛场”，口诵真言咒语（“语密”）、手结契印（“身密”）、心作观想（“意密”），“三密”相应，即进入修持的最高境界。

佛教的信众们多么希望能一夜之间忘却人世的烦恼与痛苦而立地成佛啊！比起诵读深奥的经典，“三密”不难施行。因此密宗一旦出现，便显示了强大的吸引力。

既然密宗分为胎藏、金刚二界，其曼荼罗也分为胎藏界曼荼罗和金刚界曼荼罗。胎藏界曼荼罗显示的佛菩萨及护法尊者较多，计400多尊，分组为十三大院；金刚界显示佛菩萨和明王等计45尊，分组为九会。这些“院”和“会”，都有其主尊大日如来的法身或应身为中心，配以胁侍菩萨、护法明王等，体现着不同的教理。

不过，密宗的曼荼罗（佛坛）并非一定要在同一曼荼罗中显示全部佛菩萨、尊者或明王，而且也不一定用人物形象作为表现形式。其规模大小、制作材料也各不相同。在漫长的岁月中，不同地区、不同生活环境、不同文化背景的信徒创造了形式丰富的曼荼罗。

按照制作的材料划分，大致来说，佛教密宗曼荼罗可以分为以唐卡为主的绘画曼荼罗、以泥石陶或金属制作的雕塑曼荼罗和土木砖石建造的建筑曼荼罗三大类。

以表现佛尊的数量多少划分，可分为全部显示佛菩萨诸尊的“都会曼陀罗”，部分显示佛菩萨诸尊的曼荼罗“部众曼荼罗”和仅显示一位佛尊的“别尊曼荼罗”。

同时，曼荼罗虽然是佛菩萨及天神明王诸尊聚集的坛城，但并不一定都以佛菩萨的人身形象出现，其显示的形式多种多样，主要有：以佛菩萨的人身画像表现为主的大曼荼罗；以铸像、雕塑等表现佛菩萨威仪的羯磨曼荼罗；以佛菩萨使用的器杖、印契、坐骑或其他象征性物体（如塔、庙堂建筑等）代表

①佛教语。救人苦难之心，谓之悲；佛菩萨悲心广大，故称“大悲”。常与“大慈”连用。

②“方便”指巧妙地接近、施设、安排等，乃一种向上进展之方法。“究竟”形容至高无上之境界，或对事物彻底极尽之意。“方便为究竟”的意思是用巧妙的方法追求佛教至高无上之境界。

坛城沙画曼荼罗

诸尊的三昧耶形曼荼罗[①]；以梵文字母种子真言和文字义理为诸佛菩萨的象征的种子曼荼罗[②]。

曼荼罗在佛教信徒心中有着至高无上的地位，在制作曼荼罗的过程中，他们倾注了全部心血和智慧，因此，不少曼荼罗都是宗教艺术的珍品。

5. 金刚界建筑类佛坛

在用建筑艺术建造的曼荼罗中，一般不可能把密宗的全部数百尊佛菩萨组成的“十三院”或“九会”等内容悉数表达，只能体现其主干内容。而作为密宗理念中体现坚不可摧的、代表“智德”佛果“金刚界”的“五部五佛”，便成为建筑类曼荼罗的主要表达内容。

在佛教密宗之中，以建筑形式显示五部五佛结构的佛坛（曼荼罗）主要有两种形式，一是寺庙，二就是金刚宝座塔。

寺庙建筑以组群建筑的分布方式、以象征主义的手法表达五部五佛，建筑形式多种多样。一般往往以一座大殿居中，另有其他四座殿宇或楼阁、喇嘛塔分布前后左右。典型代表有西藏山南的桑耶寺、承德的普宁寺和普乐寺、北京的北海小西天等。

---

①所谓“三昧耶”，汉译为誓言，一方面代表诸尊的本誓，即教诲，一方面表示诚心的皈依。三昧耶形即佛陀进入禅定境界后的行相。

②杨学政：《云南宗教知识百问》，云南人民出版社，1994 年，第 14 ～ 15 页。

北海小西天轴测图

北海小西天平面示意图

承德普宁寺

其中，兴建于公元762年的桑耶寺有“西藏第一座寺庙”的称号。桑耶寺的建筑规模宏大，布局奇特，初入寺中，也许会被鳞次栉比、殿塔林立的奇怪布局所迷惑，但如果了解了这些建筑单体所蕴涵的意义及其在整个寺庙布局中所起的作用，就能够分清主次。寺院中央意指世界中心，是一座集藏、汉、天竺三种风格的三层“邬孜大殿”，大殿四周还均匀分布着四大殿，四个角上分别建有红、白、绿、黑四座佛塔。既象征五部五佛，也象征了须弥山和四大部洲，加上大殿南北又建太阳、月亮两殿和八个小殿，整个寺庙的建筑布局就是一座内涵丰富的密宗的曼荼罗（坛城）。

西藏山南桑耶寺

6. 金刚宝座塔

金刚宝座塔是以塔的建筑形式来表现五部五佛的思想。

金刚宝座塔由上下两个部分组成，下部为基座，上部为梅花点状分布的五塔。

五塔是一种塔的组群①，一般是中心一座主塔，其四角各设一座小塔，正中一塔代表大日如来，四周四塔依顺时针代表阿閦如来、宝生如来、弥陀如来和不空如来。在金刚塔的发展进程中，塔的式样也丰富多样，但不外伽耶式、覆钵喇嘛式、密檐式和楼阁式四大类。

金刚塔的基座则并没有固定的样式，一般为须弥座式②。体量较大的金刚宝座塔的基座比较高大，有殿宇式、城楼式、过街楼式等。

因此，金刚宝座塔作为曼荼罗（佛坛），并不显示所有密宗的佛菩萨，只显示其中主要的五部五佛，所以属于部众曼荼罗。同时，金刚塔以喇嘛式塔、密檐式塔和楼阁式塔等替代人身形象，象征五佛，又属于三昧耶形曼荼罗。

---

①塔这种建筑形式缘起于古代印度，称作窣堵坡，是佛教高僧的埋骨建筑。随着佛教的传播，窣堵坡这种建筑形式发展出各种不同的建筑形式。

②据佛教解释，我们所住的世界中心是一座大山，叫须弥山。须弥的意思是“妙高”“妙光”“善积”等，因此须弥山有时又译为“妙高山”等。

北京正觉寺金刚塔老照片

妙湛寺金刚塔

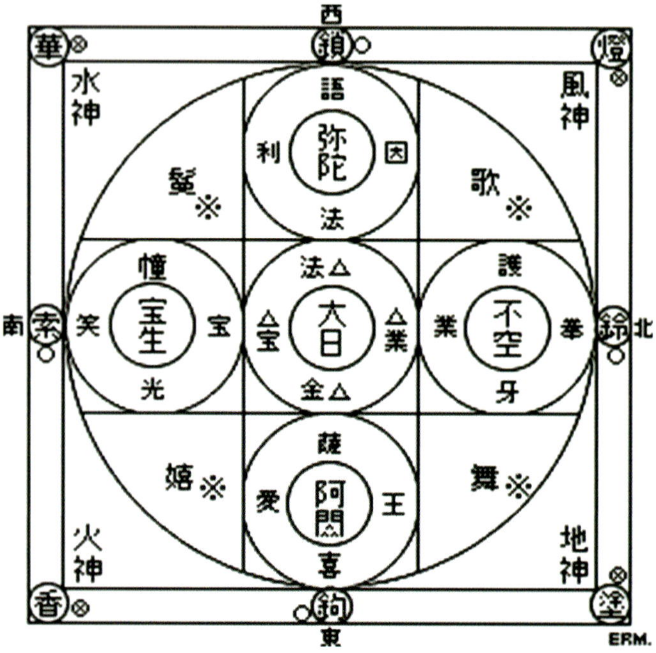

金刚塔五佛方位图

当然，在不同的金刚塔上，也会出现人身的形象，也会出现佛菩萨使用的器杖、坐骑或其他象征性物体，也会出现种子真言等，但其主要形式是塔。因此，金刚宝座塔总体属于部众三昧耶形曼荼罗。说通俗一点，金刚宝座塔是佛教密宗金刚界以塔的形式代表五方佛作为供奉对象的佛坛。

二 金刚宝座塔出现的历史背景——佛教密宗在中国的传播

金刚宝座塔既然是佛教密宗金刚界三昧耶形部众曼荼罗。那么，它在我国的出现必然与佛教密宗传播密切相关。

公元前3世纪，印度孔雀王朝阿育王将佛教定为国教之后，印度佛教就不断的向周边国家发展和传播。我国与印度山水相连，自然较早受到印度佛教的濡染。

由于我国有着深厚的文化传统，加之地域辽阔、民族众多、文化背景不同，印度佛教进入我国后，与各地各民族的宗教文化相融合，形成了不同的体系。从传播的语言和地域看，大体分为汉传佛教、藏传佛教和南传佛教三大体系。

前面说过，佛教在传播的过程中，因传承的方式不同，大体形成了“暗相传授”的密宗和公开宣讲习读经典修行的显宗两大流派。其中，显宗又有“大乘”和“小乘”之分。我国佛教三大体系中，汉传佛教和南传佛教属于显宗的“大乘”和“小乘”，只有藏传佛教属于密宗。

杭州灵隐寺释迦牟尼像

藏传佛教主要流行于西藏、青海、内蒙古等地区。此外，佛教密宗历史上也曾在内地和云南地区流传。流传于内地的密宗兴盛于唐代，故称为“唐密”。云南地区的阿吒力教直接受到印度佛教密宗和藏传佛教的影响，也属于密宗的一个支系，故又称为“滇密”。

一般认为，印度佛教正式传入我国，始于东汉永平十年（公元67年）。当时，汉明帝遣蔡愔赴印度访求佛法，邀得印度高僧摄摩腾、竺法兰以白马驮回佛像及佛教经卷至洛阳，开始翻译佛教经典，弘扬佛法，标志着佛教得到统治者的认可，正式传入我国。由此而传入中国的，属于显宗大乘佛教。

此时还在形成过程中的印度密宗，也开始了向周边传播的步伐。不过，早期杂密在我国虽然留下了踪迹，但无多大影响，直到公元6世纪纯密形成之后，才大举传入我国。

（一）藏传佛教

中国首先受到密宗影响的是西藏地区和云南地区。当时西藏正处于吐蕃王朝形成时期，而云南也正当南诏国崛起之时。由于吐蕃和南诏统治者的需要和地缘关系的原因，佛教密宗在这两个地区得以盛传。

西藏拉萨哲蚌寺

公元7世纪初，松赞干布（公元617～650年）先后兼并了西藏地区诸部，统一了全境，建立起吐蕃王朝。他毅然排除各种阻力，从印度等地迎请僧人，命人翻译了《宝云经》等二十一部经卷，将佛教引入西藏。一百多年后的吐蕃王赤松德赞（公元742～797年）时期，印度僧人密宗大师莲花生进入西藏，创建桑耶寺，组成僧团，密宗开始大举传入西藏。此后，密宗在西藏得到长足的发展和完整的保留，并与原有的苯教相结合，形成藏密，流传至今。

（二）滇密——阿吒力教

云南早在公元前4世纪古滇国时期就与印度有"蜀身毒道"可通。"蜀身毒道"是一条起于现今中国四川成都并经云南到达印度的通商道路，是中国最古老的国际通道之一。当年，往返于此古道的商人，不仅交流双方所需的商品物资，也传播着各自的文化，其中便不乏传教的僧侣。因此，云南是印度佛教在中国传播最早的地区之一。东汉明帝时永平十年（公元67年）遣蔡愔赴印度访求佛法，邀得摄摩腾、竺法兰来华，一些资料记载其走的路线就是"蜀身毒道"。

不过，在公元6世纪以前，由于云南山川险阻，族群众多，生产力低下，经济文化落后，原始宗教仍占主导地位。那时进入云南的“梵僧”长期受到当地土著居民的强烈抵制，大姓势力亦对梵僧进行了百般凌辱和迫害，因此佛教基本上属于“过路佛教”。然而，雁过留声，佛法的种子也撒播在红土高原，终于在公元7世纪中叶开花结果。

公元7世纪初，在云南地域内，以西南丝绸之路和茶马古道交汇的洱海地区为中心形成了六个诏国，分别是蒙巂诏、越析诏、浪穹诏、邆赕诏、施浪诏、蒙舍诏。蒙舍诏在诸诏之南，称为“南诏”。在唐王朝的支持下，南诏先后征服了其他五诏，于公元738年统一了洱海地区，建立了“南诏国”。

南诏统一六诏后继续向周边扩展，其鼎盛时期的疆土东至贵州西北部，西到缅甸与印度交界处，西北到达西藏，南至今老挝川圹、桑怒一带，北至四川大渡河。

为了稳固统治，南诏统治者需要有一种新型的宗教来打破以血缘为纽带的、部落社会普遍存在的群龙无首的本土巫教。

在此期间，一位不知姓名的神秘老僧由东天竺（东印度）经吐蕃到大理传播以阿嵯耶为标志的密宗观音教。当时人们即称其为“梵僧观世音”。梵僧观世音行化于巍山时，曾点化南诏开国君主细奴罗，南诏从此奉观音为开国神和保护神，于是，佛教便成为南诏王族的不二选择。

藏传佛教佛像之一

阿嵯耶观音

南诏中兴二年（公元899年）所绘制的《南诏图传》不仅有这位梵僧的画像，还注有文字："大矣域！阿嵯耶观音之妙用也！威力罕测，变现难思，运(慈)悲而导诱迷途，施权化而拯济含识，顺之则福至，逆之则害生……开秘密之妙门，息灾殃之患难。"

由此可见，梵僧观世音所传播的佛教，属于早期密宗的范畴，他宣扬的"阿嵯耶观音"是梵文Acarya译音，意思是"轨范正行"。阿嵯耶又翻译为"阿吒力"，这个教派叫作阿吒力教。梵僧观世音也成为南诏阿吒力教的始祖僧。阿吒力是佛教密宗的一个独具特色的支系，许多学者称之为"滇密"。阿吒力教有着庞杂的神系，但以崇奉阿嵯耶观音、大黑天神（摩诃迦罗）和多闻天王（毗沙门）为主。在统治阶层的强力推动下，阿吒力虽然不任政职，但深刻地左右了南诏社会的政治和世俗生活①。此后，不断有印僧进入，特别是南诏保和十年（公元835年），来自西域摩伽陀国的瑜伽密宗教主赞陀崛多进入大理传教。当时的南诏王劝丰佑对他极为信任，封其为"国师"，阿吒力也成为国教，形成了势力强大的占统治地位的地方宗教。其影响之广，遍及云南、贵州和四川南部。

（三）唐密

印度佛教密宗在西藏和云南传播的同时也传入中原地区。密教思想早在三国时期便已传入，至唐开元年间（公元713～741年），印度僧人善无畏、金刚智、不空陆续来华，在大唐皇室的扶持之下，于长安的大兴善寺译出《大日经》《金刚顶经》等大量密教经典，弘传后盛极一时，始形成汉传佛教的一个宗派——真言宗，又称为唐密、真言陀罗尼宗、金刚顶宗、毗卢遮那宗、开元宗等。但仅百年之后，笃信道教的唐武宗由于军费困难，于会昌五年（公元845年）四月下令清查天下寺院及僧侣人数，继而拆毁大批佛教、基督教和伊斯兰教的寺院教堂，遣散僧尼及教徒，没收寺院教堂财产，佛教遭到惨重打击。这就是史称的"会昌灭佛"，佛教

①杨学政：《云南宗教史》，云南人民出版社，1999年，第3～20页。

徒称之为“会昌法难”。虽然武宗死后，宣宗即位，又下令复兴佛教，但由于真言宗的第八代传人至空系来华的日本僧人，此时已经东归日本，使得真言宗在中国的法脉从此中断。

此后至北宋初期，中印度沙门法天、天息灾和北印度沙门施护等各赍梵筴先后来到中国，受宋太宗召见，又译出一批密宗经籍，但此类译典内容和中国的伦理思想颇相抵触，因而多被修改得失去原样，有些密经被限制流行，印度后期的金刚乘密教终未为中原内地佛教徒所接受。

从以上史实看，印度密宗在公元7世纪“纯密”形成前后，先后通过不同的路线分别传入中国西藏、云南和中原地区。印度密宗在西藏与苯教相融合，形成藏密；在云南与土主、本主等巫教相结合，形成滇密；在中原内地，则吸纳了道教的若干内容，形成了唐密。这就为金刚宝座塔的出现奠定了宗教基础。

但是，尽管佛教密宗很早就开始在中国流传，且中国大地上佛寺林立，佛塔建筑千姿百态，却始终没有出现金刚宝座塔。穷其原因，可能是因为藏密多采用唐卡绘画和寺院建筑群作为密宗佛坛，而云南的南诏大理王室崇敬中原文化，宗教建筑深受中原密檐式塔的影响，且阿吒力教的佛坛多设于家庭。因而中原地区的密宗一直处于式微状态。

直到明代宣德九年（公元1434年），佛教圣地五台山才悄然出现了我国第一座金刚宝座塔。那就是至今保存完好的圆照寺室利沙舍利塔。室利沙是一位旅华的印度密教僧人，正是他把金刚宝座塔的式样引入了中国。

滇密佛像 （《张胜温画卷》局部）

三　金刚宝座塔在中国的出现

（一）明代宫廷的宗教活动——永乐至正德时期密宗盛行

为何我国第一座金刚宝座塔出现在明代？这首先与明代早期的宗教政策和宫廷内的宗教活动有着密切关联。

由于明太祖朱元璋（年号洪武）有出家为僧的经历，明朝建立伊始，对佛教就采取推崇与扶持之策，甚至分封皇子为藩王时，也特别选拔僧侣随行相佐，借用佛教进行社会教化。这就是所谓的“阴翊皇度”之策。同时，为实现对西藏的统治和管理，针对当地政教合一的现实，朱元璋封授藏传佛教各派首领和人士，与他们频繁交往，大力扶持藏传佛教，以达到中央政府对其控制与影响。

这一政治色彩浓厚的政策，到了成祖朱棣的永乐年间依然实行。但与朱元璋不同的是，朱棣对藏传佛教产生了浓厚的兴趣。他先后邀请藏传佛教各派的活佛高僧来京，为其“次·第说法”“译经呈上”，封授他们为“大宝法王”“大乘法王”“西天佛子”，“领天下释教”并被“延请进宫，建立坛城，为皇帝授无量灌顶”。由此，藏传佛教在明廷的影响力大幅提高，不仅用以祈福祝禧，更被视为护持宗社国脉的神器之一。

（二）金刚宝座塔规式的进献者——室利沙其人其事

明永乐十二年（公元1414年），明成祖朱棣仰慕的格鲁派创始人宗喀巴派遣密宗高僧释迦也失作为代表到南京谒见，与他同行的还有著名的印度密教僧人室利沙。正是这位室利沙，向明成祖朱棣敬献了金刚宝座塔规式，成为中国建造金刚宝座塔的发端。

据明成化九年（公元1473年）所立“明宪宗御制真觉寺金刚宝座记略”的碑文记载：“永乐初年，有西域梵僧曰班迪达大国师，贡金身诸佛之像，金刚宝座之式。由是择地西关外，建立真觉寺，创治金身宝座，弗克易就，于兹有年。朕念善果未完，必欲新之。命工督修殿宇，创金刚宝座，以石为之，基高数丈，上有五佛，分为五塔，其丈尺规矩与中印土之宝座无以异也”。明朝末年居京文人刘侗、于奕正合著的《帝京景物略》卷五“西城外·真觉寺”一节中也说：“成祖文皇帝时，西番板的达来送金佛五躯、金刚宝座规式，诏封大国师，赐金印，建寺居之。寺赐名真觉”。

这里所说的“班迪达”或“板的达”不是人名，而是对精通佛法的高僧的尊称。他的名字译为中文是“实哩沙哩卜得啰”，又为“室利沙”。

室利沙为东天竺拶葛麻国王的儿子，自幼聪敏。16岁时出家，习通五明，因戒行精严、智慧明了而得到“五明板的达”之号。后云游四方，足迹遍于五天竺。他进献给永乐帝朱棣的“金刚宝座规式”图，“上有五佛，分为五塔”，使得皇帝与大臣内监一睹金刚宝座塔的尊容①。自此金刚宝座塔规式正式传入中国。

室利沙进献的“金刚宝座规式”图时，自然对金刚宝座塔的含义对朱棣做了讲解。当时，朱棣正在北京大兴土木营建宫室，准备迁都。由此，朱棣立即下令在北京择地建立真觉寺，按图建构金刚宝座塔。真觉寺金刚宝座塔本应为中国第一座金刚宝座塔，不过，不知为何原因该塔并没有立即建成，而是“弗克易就，于兹有年”。直至六十年之后的明宪宗朱见深时期才又重新建造完成。

室利沙随释迦也失到南京后，成祖朱棣授室利沙为僧录司阐教，命居南京海印寺、能仁寺。当时带领室利沙到南京的释迦也失系成祖仰慕的格鲁派创始人宗喀巴的代表，成祖对其优礼有加，加之释迦也失用医药和传授灌顶为成祖治好了重病②，更为成祖所崇信。明永乐十九年（公元1421年），成祖迁都北京后，还在宫中设立番经厂，刻印藏传佛教经典，“习念西方梵呗经咒”。番经厂亦成为宫中的准藏传佛教寺院。宫内重大法事，多由释迦也失主持，当时，真觉寺尚未建成，室利沙则前往五台山普宁寺修行传法。

当时的五台山，自明永乐五年（公元1407年）七月，明成祖朱棣敕封的噶玛巴大宝法王来五台山驻锡传法之后，作为汉藏共尊的文殊圣境，已经成为中央政府作为联结和管理西藏的政教纽带。

待到释迦也失西归，室利沙便成为留华印僧中影响最大的高僧。明永乐二十二年（公元1424年）七月，成祖驾崩,仁宗继位。室利沙从五台山被诏至北京，受命主持荐扬大斋为成祖“资福”。九月，明仁宗封其为大善大国师。第二年，仁宗驾崩，宣宗继位，室利沙再度受命主持荐扬大斋为仁宗“资福”并被留京翻译密教坛仪颁行天下。不久，室利沙便坐化示寂。时为明宣德元年（公元1426年），室利沙时年92岁。

（三）五台山室利沙舍利塔——我国现存最早的金刚宝座塔

室利沙在中国度过了最后十三年岁月，“不矜名，不崇利，外示声闻内，修大行”“受度弟子数千辈”。室利沙圆寂后，宣宗“悼叹之，命有司具葬仪，阇维，收舍利于香山乡，塔而藏之，遗命分藏清凉山，圆照寺亦建塔焉③”。

五台山是室利沙后期驻锡之地，宣宗命钦差太监杨英于五台山普宁寺建舍利塔以祭，并重修此寺，改名圆照寺。清凉山圆照寺所建室利沙舍利塔即为金刚宝座塔。其式样应当就是他进献成祖的金

①敦煌西魏时期（公元 535 ～ 551 年）所建的大型覆斗顶禅窟（第 285 窟）绘制有五塔并立的塔形。但从四小塔的分布看，显然不属于金刚宝座塔。

②杨贵明、马吉祥：《藏传佛教高僧传略》，青海人民出版社，1992 年，第 273 页。

③［明］明河：《补续高僧传》卷二十五“大善国师”，明天启之年虞山毛晋刻本，南普陀在线，太虚图书馆。

刚宝座规式。该塔宝座为石砌方形基台，长12.2、宽10.5、高1.3米。塔基中央为一高大的覆钵式砖塔，高达17余米。基台四隅各建一座覆钵式的小砖塔，各高约5米。至明宣德九年（公元1434年），塔院建成。此时北京真觉寺塔建设工程虽然已经开工二十年，但一直处于停顿状态，并未完工。因此，至今犹存的五台山圆照寺室利沙舍利塔就成为中国最早的金刚宝座塔。

而在室利沙舍利塔建成后的24年，明天顺二年（公元1458年），远在西南边陲的云南昆明官渡，也悄然矗立起了一座金刚宝座塔，名为妙湛寺金刚塔，这座石塔与室利沙舍利塔还有着千丝万缕的关联。

五台山圆照寺室利沙舍利塔

第二部分 官渡妙湛寺金刚塔

一　官渡妙湛寺金刚塔兴造的地缘文化背景

（一）南诏大理国时期的官渡

1. 官渡地名的出现

官渡古镇是滇池地区最为古老的集镇之一，主要包括西庄、六谷、螺峰、秀英、尚义等村为主的区域。

官渡古镇位于滇池东岸，唐宋之前，滇池水位较高，现官渡古镇一带仍是波光粼粼。至唐代初期，滇池水位降到了1890米左右。滇池东北岸的大片土地逐渐浮出水面，在滇池水退却的过程中，宝象河流入滇池的地方，逐渐形成了一个滇池岸边的小渔村，名曰“蜗洞”。

公元763年，南诏王阁罗凤来到滇池北岸的昆川，看到形势险要，山河可以做屏藩，川陆又能养人民，遂于一年多以后命长子凤伽异“于昆川置拓东城”。

拓东城的建立，为“蜗洞”的发展带来了机遇。

元代元统三年（公元1335年），普祥“创建妙湛寺碑记”记载了蜗洞的自然和社会状况，并记述了“官渡”地名的出现。文曰：“滇城之巽隅二十里有郭，曰蜗洞。西北瞰碧鸡、金马，烟波秀洒，云水杳霭。东南瞩琅藏宝江，环注诸滇。林壑岈洼，田畴丰穰，宅民素朴，尤笃于浮图氏，乐乎渔樵艺植、茂林修竹之趣。乡士大夫游赏，缆船于渡头，吟啸自若，陶陶而忘返，命之曰‘官渡’，故有停舟之赋。乃古拓东演习高侯之苗裔生世攸乂之所也”。

从这段文字，我们可以清楚地知道，位于滇池边、宝象河岸的蜗洞“烟波秀洒，云水杳霭”，自然风光特别优美，南诏、大理国时期就已经成为乡士大夫“吟啸自若，陶陶而忘返”的旅游胜地，由于经常“缆船于渡头”，故命名为“官渡”。居住于此的民众主要以打鱼、种植、砍柴为生，深信佛教，朴

《“蜗洞”想象图》（刘建坤 绘）

实单纯，安居乐业，大有“田园牧歌”之风。这里成为滇池地区最高长官“拓东演习”高方的后代、第九代善阐侯高生世游玩和直接治理的地方。据《云南志》《滇乘》载，南诏第十二代君主隆舜（摩珂罗嵯）曾与滇东乌蛮三十七部会盟于此。

2. 土主庙和法定寺

南诏大理国时期，居住在官渡的主要还是彝族。禄劝县屏山乡法宜则村北掌鸠河畔红崖峡峭壁上现存一通明嘉靖十二年（公元1533年）彝族土司凤阿维与凤来玉用彝文书刻的“罗婺盛世铭”，记叙了当地彝族人的迁徙路线及凤氏家族的兴衰。据记述，他们的源流要从官渡叙起。而昆明珥季路火葬墓地发掘出的大量火葬罐，也证明明代以前，附近居住着彝族人。

当时，这里的彝族人不仅创造了农耕文化，而且有着浓郁的宗教文化氛围，至今保存完好的始建于南诏大理国时期的土主庙和法定寺便是明证。

官渡土主庙大殿现状

土主庙源于彝族人的土主崇拜。所谓“土主”，最早供奉的是万物之母土地之神，是一种自然崇拜，到了六诏时期，由于唐朝皇帝曾敕封蒙舍诏首领细奴逻为巍宝山巡山大土主，土主庙供奉的主尊改变为以细奴逻为主的本民族或家族的保护神，演化为祖先崇拜、英雄崇拜。此后由于佛教密宗阿吒力教的形成与兴盛，土主崇拜又演化为供奉佛教密宗摩诃迦罗。摩诃迦罗又译为大黑天，在佛教密宗中地

官渡法定寺

官渡法定寺大殿建筑局部

位突出，被视为大日如来降魔时呈现出的忿怒相。

法定寺始建于宋大理国时期，相传为善阐侯高氏所建。据普祥“创建妙湛寺碑记”，妙湛寺开山第一代住持方山正“禅师”曾受业于法定寺住持觉海圆师。由此可证，法定寺是一座汉传佛教寺院，与安宁温泉曹溪寺同为禅宗六祖惠能的流脉。法定寺的出现，表明了汉传佛教进入官渡地区，与具有鲜明滇密色彩的土主庙一起，构成了显密并举的佛教景观。

3. 佛教密宗阿吒力教

虽然法定寺的建立显示了来自中原的汉传佛教进入了官渡，但当时在民间，彝族信仰的主要是佛教密宗阿吒力教。前面讲过，由于密宗强调的是按照一定的仪轨，通过师徒之间“暗授”真言秘咒的方法立地成佛，对于缺乏文化的社会底层受众，有着简便易行的优势，因此具有强大的传播基础。

阿吒力是在家修行的密僧，以父传子为主要传承方式，行教诡秘，异术良多，特别重视仪轨和“咒术”。阿吒力教的主要修行方式主要是“三密”，即有口诵真言的“语密”、手结契印的“身密”、心作观想的“意密”。也就是说，修行祈祷之时，只要面对佛坛，口中诵念一定的咒语，手上按照一定的规矩做出手势，心里默默地想着佛家教义即可。这种修行方式，无疑是最便捷的“方便法门”，极易在

官渡法定寺内所奉佛像

信众中普及。

阿吒力教在南诏王劝丰佑时期成为国教之后，形成了势力强大的占统治地位的地方宗教。到大理国时期，阿吒力教兴盛不衰，上下崇佛，蔚为风尚。元初李元阳《大理行记》载大理当时的情况为：“其俗多尚浮图法，家无贫富，皆有佛堂。人不以老壮，手不释数珠，一岁之间，斋戒几半，绝不茹昏饮酒，至斋毕乃已。沿山寺宇极多，不可殚记。”正因如此，大理才有了“妙香国”之称。虽然李元阳记述的是大理的状况，但大理国的东京昆明（善阐）亦是如此。因此这可说是对官渡地区“宅民素朴，尤笃于浮图氏”的写照——当时的官渡，也是一个“妙香佛国”。

（二）元代的官渡

公元1254年初，忽必烈攻大理，开始了元朝对云南128年的统治，从而也结束了云南自隋代起长达600年的割据局面。赛典赤·赡思丁以行中书省平章政事主政云南之后，建立了完善的路、州、县三级行政管理体系，将行政中心迁至昆明，同时兴建文庙积极弘扬儒学，推行宽松的宗教政策，兴修水利、奖励农耕，此时的云南经济社会由于受中原内地文化的影响，产生了深刻变化。

1. 官渡设县

元至元十三年（公元1276年），赛典赤改善阐为中庆路，下设善州，辖昆明、官渡二县，当时的官渡县治就在今官渡古镇。不过官渡设县的时间不长，只有12年。元至元二十五年（公元1288年），撤善州建制时，官渡县就并入了昆明县，作为省会城市的附郭县的组成部分。官渡设县时间虽短，但此事证明了官渡在宋末元初时期有着重要的政治经济文化地位。

在此期间，官渡地区的地理环境发生了改变。赛典赤治理滇池的一项重要举措是疏浚海口河。由于海口河的疏浚，滇池水位由唐宋时期的1890米下降为1888.5米，水域面积由510.1平方千米缩减为410平方千米，从而“得壤地万余顷，皆为良田”。大量农田的出现，促进了官渡地区农耕文化的发展。官渡由此也由滇池岸边的渡口成为距离湖岸1500米左右的集镇。

2. 妙湛寺的建立

妙湛寺始建于元至元二十七年（公元1290年），系昆明城内一名叫杨庆的轨范僧（即阿吒力）变卖家产捐建，寺址位于官渡城外宝象河的北边河滩上。

妙，即不可思议；湛，有清净光明之意。佛家认为“心无妄念是禅”，念佛，就是治妄念的最方便法门，所谓“净水珠投于浊水，水不能不清”。净水珠就是“南无阿弥陀佛”。诵念着佛祖的名号，心海澄莹如“寒潭月色”，达到“妙湛”的境界。因此，“妙湛”常作为寺院及高僧的法名。

由于地势低湿，这座花了五年时间建成的寺院建筑，仅使用了三十年，便倒塌于洪水泛滥。元泰定元年（公元1324年），杨庆的孙子在僧官的支持下，选择了城中螺山下的宽展之地重建了妙湛寺，同时

官渡妙湛寺

官渡妙湛寺现状

购置了田地作为寺产。

妙湛寺建设之初，虽为阿吒力教徒出资，但重建之后，却请曾受业于法定寺住持觉海圆师的方山正禅师作为开山第一代住持，开始了向大乘显教过渡的历程。

妙湛寺地处村镇中心，地势开阔，有着扩建的空间，因而成为官渡最大的寺院。正是妙湛寺的迁建，为此后官渡金刚塔的建立奠定了基础。妙湛寺迁建时，建有十三层密檐实心方形砖塔两座，东西相对，十分壮观。密檐塔来源于中原文化，自南诏时期即为统治上层所接受。昆明的东西寺塔和大理崇圣寺三塔就是最早的例证。

南诏大理国地方政权结束后，阿吒力教所依附的上层政治势力从根本上遭到打击，动摇了阿吒力教"不依国主则法事难立"的地位。但是，由于元朝与西藏上层社会关系密切，宗教文化相互影响较深，故对云南地区的阿吒力教采取了任其发展的态度，阿吒力教在官渡仍然有着深厚的基础。

3. 文明阁祭孔

官渡撤县之后，也就失去了建立县学即文庙的资格。但是，元至元二十七年（公元1290年），将原妙湛寺的妙德、通明二阁改为文明阁用以祭祀孔子，"春秋释菜，士集群英"，逐渐在官渡民众中树立孔子的地位，开官渡儒学传播之风。儒学传播，对官渡的社会文化产生了深刻的影响。

官渡妙湛寺双塔

（三）明初的官渡

明洪武十五年（公元1382年），明朝大军进入云南，开始实施对云南长达279年的统治。在此期间，有几件大事对官渡的社会经济文化产生了深刻的影响。

1. 军屯和民屯

明朝以汉族为主的三四百万移民进入云南，实行大规模的军屯、民屯。其中沐春继镇守云南的七年间自南京迁二十余万人安置于当时的云南府城及其附近，对改变滇池周围的民族构成、社会面貌以及地区的开发和城市的发展都起了很大作用，官渡一带亦成为屯垦之地。这次移民不仅改变了官渡居民的民族结构，也促进了中原文化的传播和农耕水平的提高。

官渡文明阁的棂星门

2. 科举乡试制度

明朝官府推行“治国以教化为先，教化以兴学为本”的文教政策，致力于恢复和兴建各府州县的学校，为儒学及其政治思想体系在云南的传播建立了稳固有效的载体与渠道。特别是明永乐九年（公元1411年），朝廷在云南建立了科举乡试制度，标志着云南儒学教育和传播进入了一个新的发展时期。在此背景下，官渡建起了桂香书院，对儿童进行启蒙教育的社学等也逐步设立。

3. 阿吒力教仍在民间流传

明朝初期，由于阿吒力僧人与段氏总管一度抵抗明军，明太祖曾下令严禁阿吒力教的传播。大理总管段明及数百名阿吒力教僧人包括大僧侣、大巫师被械送南京，其中大部分头目被处死，阿吒力教受到沉重的打击。但对民间阿吒力教流行的现实，明太祖又视为土著宗教，并未禁绝，而是在云南布政使司的各级地方府衙中设立阿吒力僧纲司加以管理，进行诱引。因此，尽管明政府对云南实行了大规模的移民，北传佛教的禅宗、净土宗等宗教宗派也在云南地区强盛起来，但根深蒂固的阿吒力教仍在民间流传。在此背景之下，官渡的佛教呈现显密并举的氛围，为金刚塔的出现奠定了宗教基础。

照理说，金刚宝座式塔既然是佛教密宗金刚界的佛坛，那么，在云南密宗流行的地区，早就应该出现这类佛塔，但事实上始终没有出现。究其原因，这与阿吒力教的祭祀方式有关。

阿吒力教虽然秉承密宗教义，讲究仪轨、重在“三密”，但阿吒力教是一种很奇特的密宗支系，带有巫教性质，其崇奉的神祇庞杂，自有着一个多元、多层次的庞大神系。从诸天佛菩萨、天龙八部、山精树怪、图腾本主到英雄将相、祖先头人，都相安无事地同堂共享，甚至连“阿央白”（女阴）也可以同佛菩萨平起平坐地被供奉在石窟寺里。众多偶像中，地位最高、供奉最广的是观音、大黑天神、毗沙门，即所谓滇密三大神。观音寺、土主庙和毗沙门石刻众多。虽然大黑天有大日如来的性质，但以大日如来中心的佛神系统始终没有占据主导地位，五部五佛的金刚界观念并未形成。所建佛塔多为佛祖的象征或是高僧的坟冢，没有五部五佛的内容，所以没有金刚塔的出现。

此外，由于滇密以父子、师徒之间的传授为主要方式，所以一般设家庭式佛坛。供奉的也主要是滇密三大神。至于公开的佛坛，也不是没有，不过多为简单而且是临时性设置。据《密宗要旨》载：“坛者积土于上，平治其面，而以牛粪涂其表，使之巩固，于此坛上管宗教之神圣行事，尤其为阿阇黎（阿吒力）授戒弟子时，或国王即位时，于此上行之。”[①] 按照传统习惯，密教坛场做完佛事活动后，一般就要拆除，相关实物遗址很难找到。

《老镇庙会》（刘建坤 绘）

既然如此，那么为何到了明天顺年间，官渡突然出现了一座金刚塔呢？这其实与“罗衙”的设立有着直接的关系。

①李冀城、丁明夷：《佛教密宗百问》，中国建设出版社，1989 年。

4. “罗衙”的设立

所谓“罗衙”，即镇守太监罗珪的官邸。据庵内现存清雍正五年（公元1727年）所立“宝元庵重修功德碑”载：“宝元者，故明太监所居，罗公之衙也。”宝元庵距昆明城25千米，距离官渡约1千米。因罗衙设于此地，其所在村落也改名为罗衙村。罗珪任云南镇守中官的时间为明景泰三年（公元1452年）至明成化四年（公元1468年），计16年。镇守中官是权倾一方的天子特使，这期间官渡罗衙也成为云南政治活动的次中心。

正是上述变化，为妙湛寺金刚塔的建立创造了契机。依据史料，对建造起到关键作用的人物就是时任云南镇守中官罗珪和镇守总兵沐璘，没有他们，就不会有官渡妙湛寺金刚塔。而民族结构的变化和儒学的传播，使得此时建造的妙湛寺金刚塔出现了汉藏结合的式样，艺术品位也有很大提升。与此同时，阿吒力教的存在仍然是妙湛寺金刚塔建立的深厚土壤。

二　建造官渡妙湛寺金刚塔的关键人物

前文提到，关于妙湛寺金刚塔的建造，有两位人物，即钦命镇守云南中官罗珪和总兵官征南将军右都督沐璘。那么他们当时在云南处于什么地位呢？这要从明代的镇戍制度和镇守中官制度说起。

（一）明代的镇戍制度和镇守中官制度

1. 明代的镇戍制度

明代在各省设立布政使司、按察使司和都指挥使司“三司”，作为治理地方的机构。其中，布政使司为一省的行政首脑机关，掌民政、财政，按察使司主刑狱。都指挥使司主兵政，负责管理所辖区内卫所，以及与军事有关的各项事务。“三司”直属中央管辖，互不统属,相互牵制，但凡遇重大政事可共同商讨。

同时，明代还有镇戍制度，即在边塞、沿海及西南少数民族地区的要害地方设重兵镇戍，并设总兵、副总兵长年镇守。全国先后共设二十镇。云南即为其中之一。凡总兵、副总兵一职均须有公、侯、伯、都督爵衔者充任。奉命出征时总兵称挂印将军，云南地区的称征南将军。

一方镇守总兵的权力很大。据敕令：“诸司百事及移文谒见礼仪，俱先镇守而后抚按”。“诸司”即承宣布政使司、提刑按察使司和都指挥使司。因此，镇守总兵俨然成为军政两权并兼的封疆大吏，“三司”行事不得违背总兵官的意旨。

明洪武二十八年（公元1395年），朱元璋曾封岷王朱楩于云南，后废，唯以沐氏镇之。沐英家族世代镇守云南，除军事职掌外，并总揽百务。云南全境的军政大权为沐氏家族所操纵。

沐氏自黔宁王沐英至沐天波，凡二王一侯、一伯、九国公、四都督，与明相始终，震慑一方，威权最重，拟于亲王。沐氏以总兵官用事，兵威所及，莫敢不服。

2. 镇守中官制度

镇守中官制度是明代一项十分独特的制度。所谓“中官”，即在皇帝内廷中任职的太监。镇守中官即为派往各省或边镇坐镇监督的太监。

镇守中官起源于明永乐时期。公元1398年，太祖朱元璋驾崩，其孙朱允炆继位，是为惠帝，年号“建文”。朱元璋在世时，大封王室，20多个儿子均封为亲王，分驻各地，惠帝登基后，为统一军事进行削藩，遂惹恼诸王。燕王朱棣发动“靖难”之役，于公元1402年攻入南京，夺取皇位，是为成祖，年号“永乐”。

由于“靖难”之役进行得过于顺利，明成祖尚未在战争中培养出足够的高级将领就夺取了政权，因此，派往各边镇的镇守将领多为建文旧臣，朱棣对他们并不完全放心，于是，便派心腹太监作为“中官”随军，负有监视的特殊使命。起初这些太监还属于临时性差遣，称为“中官出镇”，到了永乐末年，便改为正式任命。不过当时派遣的多是赴辽东、甘肃、交趾等边镇。

向省一级派驻镇守中官的制度始于宣宗朱瞻基。公元1426年，宣宗即位，一月后即命早就在云南麓川（今德宏州一带）随军监督的太监云仙出任云南镇守中官。云南成为第一个派驻镇守太监的省份，云仙也是第一位省级镇守中官。

宣宗在任命云仙为云南镇守中官时戒谕道：“朕初即位，虑远方军民或有未安。尔内臣，朝夕侍左右者当副委托，务令军民安生乐业。凡所行事，必与总兵官黔国公及三司计议施行，仍具奏闻，遇有警备则相机调遣，毋擅权自用及肆贪虐。盖尔辈出外，鲜有不恃宠骄傲者，若稍违朕言，治以重法，必不尔贷。”①由此可以看出，宣宗一方面寄予其镇守一方的重任，同时又严以律之。此后，宣宗相继向各省或边镇派遣镇守中官，镇守中官日渐成为明代地方政治体制中的重要组成部分。

当时各省镇守中官的主要职责是“务令军民安生乐业”，拥有监督军事、督查荐黜文武官吏、干预刑名政事等重要权力，可谓位高权重。所有的镇守中官又都负有两项特殊使命，一是作为朝廷耳目随时通报各地情况，二是为皇室采办土物珍奇。当然，镇守中官的职权亦有一定限制，如不得随意侵夺总兵、巡抚及其他部门的职权。最初，朝廷对镇守中官管束较严。明人黄景昉在《国史唯疑》中议论宣宗严律宦官之举道：“宣宗待阉宦严，以唐受于南京，袁琦于广东虐敛民，各即其地枭斩。”不过，由于最高统治者的纵容，一些制度化的“成例”也经常遭到破坏。明正德时期（公元1506～1521年），随着官僚政治的腐败和宦官势力的扩张，镇守中官的设置泛滥，逐渐形成镇守中官对地方事务进行全面干预、疯狂搜刮民财的局面，从而打乱了社会经济秩序。因此，明嘉靖九年（公元1530年）九月，世宗皇帝正式下诏裁革镇守中官，取消这一制度。

①《明宣宗实录》卷三。

云南的镇守中官自云仙以降，至明嘉靖取消该制度为止，共计129年，先后有张达(宣德)、萧保（宣德）、曹吉祥（正统）、郝宁（正统）、黎义（景泰）、罗珪（景泰、天顺）、阎礼（天顺）、梅忠（天顺）、钱能（成化）、覃平（成化）、刘昶（弘治）、张纶（正德）、梁裕（正德）、史泰（正德）、杜唐（嘉靖）、刘福安（嘉靖）16名太监出任云南镇守中官。其他还有王举、吉庆等10名分镇金齿、腾越的分守太监。

按照明太祖朱元璋最初设立的制度规定，沐氏作为云南的总兵官，是云南地区的最高军事长官。镇守中官设立以后，沐氏亦受到监督和节制。不过，由于沐英系朱元璋的养子，沐氏家族与皇家的关系非同一般，不仅以镇守总兵衔留镇云南，而且还世袭黔国公爵位，地位显赫，来滇镇守中官也有所忌惮，不能不礼让三分。明代来滇16名镇守中官中，除宪宗成化年间出了一个十分贪淫侈虐、危害一方的钱能和嘉靖早期巧肆渔猎、骄纵贪残的杜唐外，大多并不张扬，还能与沐氏相安共处。这也是历史文献以及有关明代云南历史的文章很少提到云南镇守中官的原因。

（二）从碑刻中看沐璘和罗珪与建造妙湛寺金刚塔的关系

关于妙湛寺金刚塔的创建者，现存留在官渡的三块碑却记有不同的说法。

据官渡法定寺保存的罗珪墓碑上所刻《钦命镇守云南太监罗公墓志铭并序》一文：“沐公为培风计，建穿心宝塔于官渡。公不扰，悉出己资并重建妙湛寺巨刹，置田若干亩于衙地，为苾刍焚修费。”①

仅从此碑看，妙湛寺金刚塔为沐公（沐璘）所创建，而罗珪不过是出资者而已。

而据嵌于官渡妙湛寺金刚塔基座的“新建妙湛寺石塔铭”记载，明天顺二年（公元1458年），“钦命镇守云南太监罗公偕总兵官征南将军右都督沐公叶谋，建石塔于妙湛寺前，凡佣工镶石所有功力悉出己资，一毫弗烦于民”。

从这块碑的刻记来看，妙湛寺金刚塔为罗珪与沐璘共同商议创建，而罗珪的名字已经靠前。

不过，明天顺二年（公元1458年）四月妙湛寺住持信固所立的“新建妙湛寺石塔记”却如是说：“曩余曾祖黔宁昭靖王国朝初以兵平滇，而凡塔庙丛林，悉仍其旧。废者兴之，坏者葺之，是亦因俗为化之意也。”而金刚塔的建成“盖由公以发菩提心，成此大功果，自非与佛有缘，亦何能成就若是哉”。又说：“余恩命继镇于兹，与公同事。今公以是为请，乌能巳于言乎。因述梗概以记”。

该碑即为沐璘撰文。据此碑，创建妙湛寺金刚塔完全是罗珪的主意，沐璘只是继承曾祖黔宁昭靖王沐英的遗训，“废者兴之，坏者葺之”。

综合分析三块碑记，可以肯定的是，对于妙湛寺金刚塔的建立，钦命镇守云南太监罗珪和总兵官征南将

①公，即罗珪。苾蒭即比丘，本西域草名，梵语以喻出家的佛弟子。为受具足戒者之通称。

军右都督沐璘是两位关键人物。他们不仅是当时主政云南的头面人物，而且都参与了建筑妙湛寺金刚塔的策划。不过，关于是否应该建塔、建什么式样的塔以及如何搭建等问题上，二人的出发点并不完全相同。

沐璘作为世袭的镇守云南总兵官，更多考虑的是政治问题，即继续执行中央政府对宗教采取的推崇与扶持政策，借其“阴翊皇度”之功和社会教化之用，达到他在“新建妙湛寺石塔记”所说的“因俗为化，而以不治治之也”的目的。因此，对于罗珪修葺妙湛寺、建立石塔的计划都热心支持。而罗珪作为笃信佛教的云南镇守中官，除了“因俗为化”“为培风计”的政治考量，他还要通过修寺建塔来表达宗教理念，“发菩提心，成大功果”。

因此，可以说官渡妙湛寺金刚塔的创建者实际上是罗珪。而罗珪的这一善举，事前亦曾征求并获得沐璘的支持。

（三）妙湛寺金刚塔的创建者罗珪

1. 内廷太监

在云南历任的15名镇守中官中，罗珪在滇时间较长、口碑较好，但关于他的史料很少，《明史》无传，甚至连其生于何时都难于查考。从零星的史料中，可知罗珪是广西柳州人，原姓傅。他生活在明永乐至成化年间，一生的经历大体可以分为两个阶段：年幼时阉割入宫，做到内府衙门都知监左监丞；此后于明景泰三年（公元1452年）出任云南镇守中官。明成化四年（公元1468年）二月，罗珪病卒任上。

按照一般太监阉割入宫的年龄在6～7岁来推算，罗珪大约于明永乐初期入宫，历经洪熙、宣德、正统三朝，出任云南镇守中官时约50岁。病逝时估计应在65～70岁之间。

罗珪童年即阉割入宫成为奴仆，自然有着心酸的成长经历。在内廷长期单调枯燥的生活中，受皇帝的宗教倾向的濡染，罗珪也成为虔诚的佛教信徒，而且与佛教密宗结下了不解之缘。

明永乐十九年（公元1421年），明成祖迁都北京后在宫中设立番经厂，刻印藏传佛教经典，“习念西方梵呗经咒”，番经厂亦成为宫中的准藏传佛教寺院，经常举行藏传佛教法会，届时“悬挂幡榜”，宦官们则打扮成藏僧模样，“本厂内官皆戴番僧帽，穿红袍，黄领黄护腰，一永日或三昼夜圆满。”① 在这样的氛围中，许多宦官也成为密宗的忠实信徒。罗珪便是其中之一。

明永乐十二年（公元1414年），印度密教僧人室利沙“贡金身诸佛之像，金刚宝座之式”时，罗珪初入宫廷不久，只是年幼的小太监。至明永乐二十二年（公元1424年）七月成祖驾崩，室利沙受命主持荐扬大斋为成祖“资福”并受封大善大国师，及后又为登基仅一年即驾崩的仁宗再度主持“资福”荐扬大斋，此时的罗珪已经成年，亦参与其事。

①［明］刘若愚：《酌中志》卷十六《内府衙门职掌》。

明宣德元年（公元1426年），室利沙坐化圆寂，朝廷令建五台山金刚宝座室利沙舍利塔时，罗珪升至正五品的都知监左监丞。都知监既通过掌理各监公文行移督察太监政事，又通过管理关支勘合稽核内府财务，在内廷中居于重要地位，也非常清楚建造室利沙舍利塔的种种细节。

2. 出镇云南

重立于清乾隆五十一年（公元1786年）的“钦命镇守云南太监罗公讳珪墓志铭并序”载，罗珪“昔宣德时奉命来滇镇守”。不过，据明景泰萧镃《重建长春观记》和沐璘撰文的《新建妙湛寺石塔记》记载，罗珪出镇云南的时间是明景泰三年（公元1452年）。《重建长春观记》记述，云南长春观于明正统己巳（公元1449年）春毁于火。明景泰壬申（公元1452年），总戎都督同知沐磷、参赞军务兼巡抚右佥都御史郑颙奏请朝廷准许重修，“而郑公极力经营劝募以相其成，时都知监左监丞罗公、右监丞黎公方出镇于此，闻之而喜，各捐赀以助”①。《新建妙湛寺石塔记》也记有：“庚午，余奉命继镇云南。壬申，公亦奉命同镇。”由此可见，罗珪系明景泰三年（公元1452年）任云南镇守中官是可以肯定的。

罗珪“宣德时奉命来滇”只是随军的监督。宣德、正统年间，朝廷发兵数十万征讨麓川，罗珪被派为某一支军队的监军也是可能的，但此时并非“镇守”。

罗珪到云南后，行事较为低调，选择了距离昆明城11千米的官渡附近建立衙署。罗珪于明成化四年（公元1468年）二月病卒任上。此时，已任镇守中官十六年。

在他的任期中，明史中仅留下关于罗珪的两条记录：

> “天顺元年三月甲子朔，镇守云南左监丞罗珪等奏：‘木邦宣慰罕落法为所部头目埌薄法等合兵杀，遣人求援。臣等议委南宁伯毛胜、都督胡志量调官军相机剿捕。’上曰：‘夷人自相仇杀，非犯我边境，如何轻动官军，贪功生事？兵部即驰文珪等毋起边衅，如违必罪不贷。’②
>
> “天顺五年十二月辛巳，命云南布政司岁办差发银照旧征纳。先是，内承运库缺金，奏令云南岁办差发银折纳金。至是，镇守云南太监罗珪奏：‘云南原不产金，若令夷民纳金，恐因而激变，为患不细。’故有是命。”

从这两条记录中可以看到，罗珪还是参与到地方军政事务之中，只不过需要上奏的大事较少。在第一条中，罗珪等建议出兵救援在今泰国和缅甸北部的木邦军民宣慰使司，反遭英宗训斥为“贪功生事”“如违必罪不贷”。从第二条可以看出，罗珪还很体恤民情。明朝将土司所纳赋税称之为差发。差发银是向土司征集的银两。当掌管大内库藏金银珍宝的宦官机构“内承运库”奏请将差发银改为金子时，因云南不产金子，遭到罗珪的反对，以“恐因而激变，为患不细”上奏。结果皇上采纳了罗珪的意见。

---

①［明］萧镃：《重建长春观记》。《云南史料丛刊》第六卷，云南人民出版社，2000年，第508页。

②《明英宗实录》卷二百七十六。

罗珪参与云南军政大事较少的原因，归结起来主要有三个方面。其一，罗珪镇守云南时，与其同镇云南的还先后有黎义、阎礼和梅忠，并非罗珪一人。其二，此时的云南总兵官黔国公沐斌去世，其子沐琮年幼，由其叔叔沐璘以右军都督同知充总兵官代镇，沐璘于天顺年间殁，又以沐璘之弟沐瓒以都督同知充总兵官代镇。二人年少英武，严吏治，勤政务，屡平酋叛，镇守太监难以插足。其三，也是最重要的，罗珪是一位虔诚的佛教徒，“性慈好义，喜捨弗吝，政暇缘谋”。因此他选择远郊官渡附近设署，远离闹市，除不时领衔参与地方上的文化建设活动如襄助修建学校、寺庙外，便是潜心求缘念佛。

3. 筹划和捐建妙湛寺和金刚宝座塔

明景泰三年（公元1452年），罗珪设官邸于官渡附近的农村，从而对当地民间流行的阿吒力教有所了解。虽然深谙佛教密宗的罗珪清楚滇密和藏密有很大的区别，但滇密与藏密毕竟同祖同根，法脉相承，于是，当他发愿捐资重修妙湛寺并在妙湛寺前建“浮图一规”时，便想到了五台山的室利沙舍利塔和正在建造之中的真觉寺塔，并提出建造一座金刚宝座塔。为此，他专门从五台山请来一位来自西藏的印度僧人以及昆明太华寺的禅师作为提调。

罗珪不仅提出重修妙湛寺和新建金刚塔，而且全部经费皆由己出。这是一笔不菲的费用，虽不知这笔钱财从何而来，但作为一件大善事，此举受到了官员乡绅及百姓的赞赏。此后，罗珪又陆续捐款，修缮了官渡的文明阁孔子楼，增建了妙湛寺的殿宇。因此，他死后，当地民众将他厚葬于官渡螺峰山下，且于三百多年后的清乾隆五十一年（公元1786年），其墓冢渐将颓没于荒烟之中时，又再次为其立碑修墓。

（四）镇守云南总兵官沐璘

1. 代镇云南

沐璘（公元1429～1457年），字廷章。他的父亲沐僖是沐昂的长子，官至南京锦衣卫千户。沐僖卒时沐璘仅13岁，两年后，其母亦亡故。沐璘自幼颖敏，读书习礼，少年老成。明正统十一年（公元1446年），17岁的沐璘荫父职，任云南左卫指挥佥事。明正统十三年（公元1448年），沐璘参加了明军第三次征伐麓川之战，因功升任云南都司都指挥佥事。

明景泰元年（公元1450年），沐英的孙子、黔国公沐斌病逝，由于沐斌的儿子沐琮年仅一岁，朝廷特命沐琮的堂兄沐璘任右军都督府都督同知，充总兵官，挂征南将军印，代镇云南。

2. 平定麓川

沐璘在位七年，其主要功绩是彻底平定了麓川之患。

麓川在今云南德宏州一带，包括今缅甸的部分区域，元朝在该地置有宣慰使司。明太祖朱元璋平定云南后，于明洪武十七年（公元1384年）置军民宣慰使司，以当地部族首领思任发为宣慰使。明英宗明正统二年（公元1437年）十月，思任发叛变称王，攻占潞江、腾冲东，进逼保山，由此引发了著名的麓川之役。

至明正统十四年（公元1449年）的13年间，朝廷不断增兵，先后对麓川进行了四次大规模征讨。付出惨重代价后方平定麓川之乱，逼死思任发，重建麓川一带的土司制度，彻底瓦解了思氏强大的政治军事势力。不过，思任发之子思机发率残军远遁缅甸，仍为一大隐患。

明景泰元年（公元1450年），沐璘就任总兵官代镇云南后，朝廷以思机发尚在，令沐璘前往剿灭。沐璘一方面采取大军压境的方式振扬武威；一方面达尺书于缅甸，请缅方内袭思机发的巢穴，并许以重赏。缅人果饵重赏，遂擒获思机发并妻子，送交沐璘押解至京城，从而消除了麓川的隐患，沐璘受到朝廷嘉奖。此外，沐璘还以计谋平定了广南、木邦等地的混乱。由此，明天顺改元（公元1457年），乃进升右都督、阶特进荣禄大夫。所以，他在“新建妙湛寺石塔记”中说“政通人和，边境无虞”。

3. 儒将沐璘

《明英宗实录》卷二百九十二载：“璘起自勋戚，喜读书，平居恂恂若儒生，在镇七年，境内晏然，自号东楼居士，日披诵探讨其上，作为诗文绘画亦可观，其始总戎也，人以为少年子，易之。其后号令施设间，凛然有不可犯者，人方之古儒将云。”

沐璘对佛教十分崇尚。石屏袁嘉谷撰《卧雪堂文集》卷二十二有载：“沐藩继轩，提倡真如。”他与当时的高僧宗瑛禅师多有交往，曾赠宗瑛禅师五言诗曰：“诸妄已消除，一真独自如。舒尔弥大千，卷之无欠余。境界亦何有，湛然灵与虚。心境两相忘，寥寥遍幽居。”颇有禅意。当然，他对于佛教的态度，主要仍是秉承皇上制定的“因俗为化”的治滇方略。

4. 《新建妙湛寺石塔记》

明天顺二年（公元1458年）四月，妙湛寺住持信固所立的“新建妙湛寺石塔记”碑由沐璘撰文。虽然碑刻剥落漫漶，无法全部辨识，但仍是目前关于妙湛寺金刚塔建设因由的第一手珍贵资料。

除了前面引述的说明妙湛寺石塔的建造者系罗珪外，碑文中还传递了以下重要信息：第一，明确了罗珪出任云南镇守中官的时间，即“壬申，公亦奉命同镇”。“壬申”即明景泰三年（公元1452年）。第二，明确了妙湛寺石塔的建造时间为天顺戊寅之三月，即明天顺二年（公元1458年）三月。第三，明确了撰写《新建妙湛寺石塔记》的原因和目的，即“余恩命继镇于兹，与公同事，今公以是为请，乌能已于言乎，因述梗概，以记岁月”。说明沐璘撰写此文系由罗珪邀请，短短500多字的记文只能是“述梗概”“记岁月”。

然而，妙湛寺石塔建成仅三个月，沐璘便病逝，年仅28岁。这块沐璘撰文的残碑就算是沐璘生命中的绝笔。他生有两个女儿，但都夭折。因此，其殁后，没有后人扶柩北上归葬南京将军山祖茔，而是葬于昆明西北郊大普吉村尖山南端。他是沐氏家族中唯一安葬昆明的总兵官。

三 妙湛寺金刚塔的建筑造型和宗教文化解析

妙湛寺金刚塔的宗教色彩和它散发出来的浓浓的佛教氛围是不言而喻的。前面已经阐述过，金刚宝座塔是佛教密宗金刚界以五塔的形式象征五方佛作为供奉对象的佛坛。

妙湛寺金刚塔不仅准确形象地体现了这一理念，而且塔上的每层结构、每一个构件和每一组雕刻，都是艺术的结晶，是蕴涵着神秘教义的符号，也都有佛学的依据。这也就是黑格尔所说的“利用艺术来使我们更好地感到宗教的真理，或是用图像建筑历史说明宗教真理以便于想象”。对于佛教信徒，这是神圣的启示和召唤，而对于非信徒而言，破译这些密码，了解其含义，也不失为一种文化体验。

这里，我们不妨结合妙湛寺金刚塔的结构和构件，对它所表达的宗教文化做一番释读。

妙湛寺金刚塔（摄于 1941 年）

妙湛寺金刚塔及周边

妙湛寺金刚塔南立面

妙湛寺金刚塔西立面

妙湛寺金刚塔西北角

妙湛寺金刚塔西南角

妙湛寺金刚塔测绘图 （李岚 绘）

（一）基座部分

首先要说明的是，妙湛寺金刚塔的基座朝向为坐西北面东南。这一坐向的选择显然是为了与妙湛寺及寺前的两个密檐塔保持一致，不过，为叙述方便，以下行文中，仍采用建塔时所立“新建石塔颂”中“东西南北辟四门”的说法，以东、西、南、北方位描述。

基座是承抬金刚塔塔身的墩台，为立方体，平面方形，边长10.52、高4.71米。四面辟有券道，十字相通，门宽和通道皆2.8米，门拱顶高3.05米。

由于基座上下出涩各三叠，上涩0.48、下涩0.63米，束腰高3.24米，为须弥座式。

须弥座源自印度，在印度古代神话中，须弥山是世界的中心。须弥座是一种上下出涩中为束腰的建筑，象征须弥山，系安置佛、菩萨像的台座，又名“金刚座”“须弥坛”。用须弥座做底，以彰显佛的神圣。

基座四面辟有券道，十字相通，又为穿心过街楼式。人们可以穿行其间，每穿行一次，心作观想，便表示礼佛一次，也属于方便法门的“三密”之一。

这种将基座做成须弥座式和穿心过街楼相结合的形式，既体现了佛的崇高地位，也满足了信众方便礼佛的需求。

妙湛寺金刚塔基座

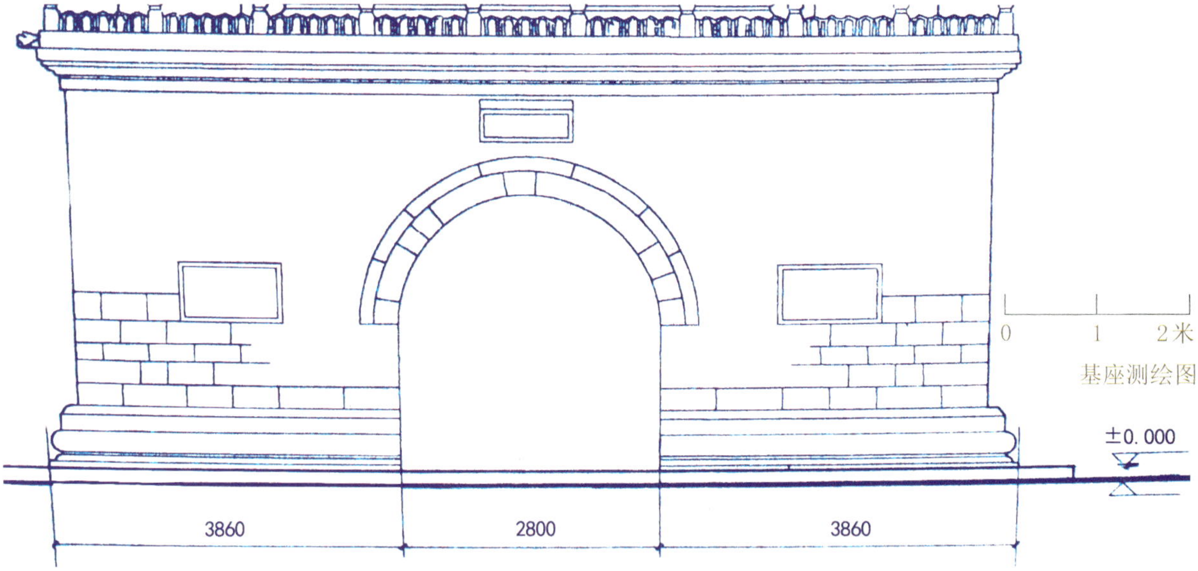

基座测绘图

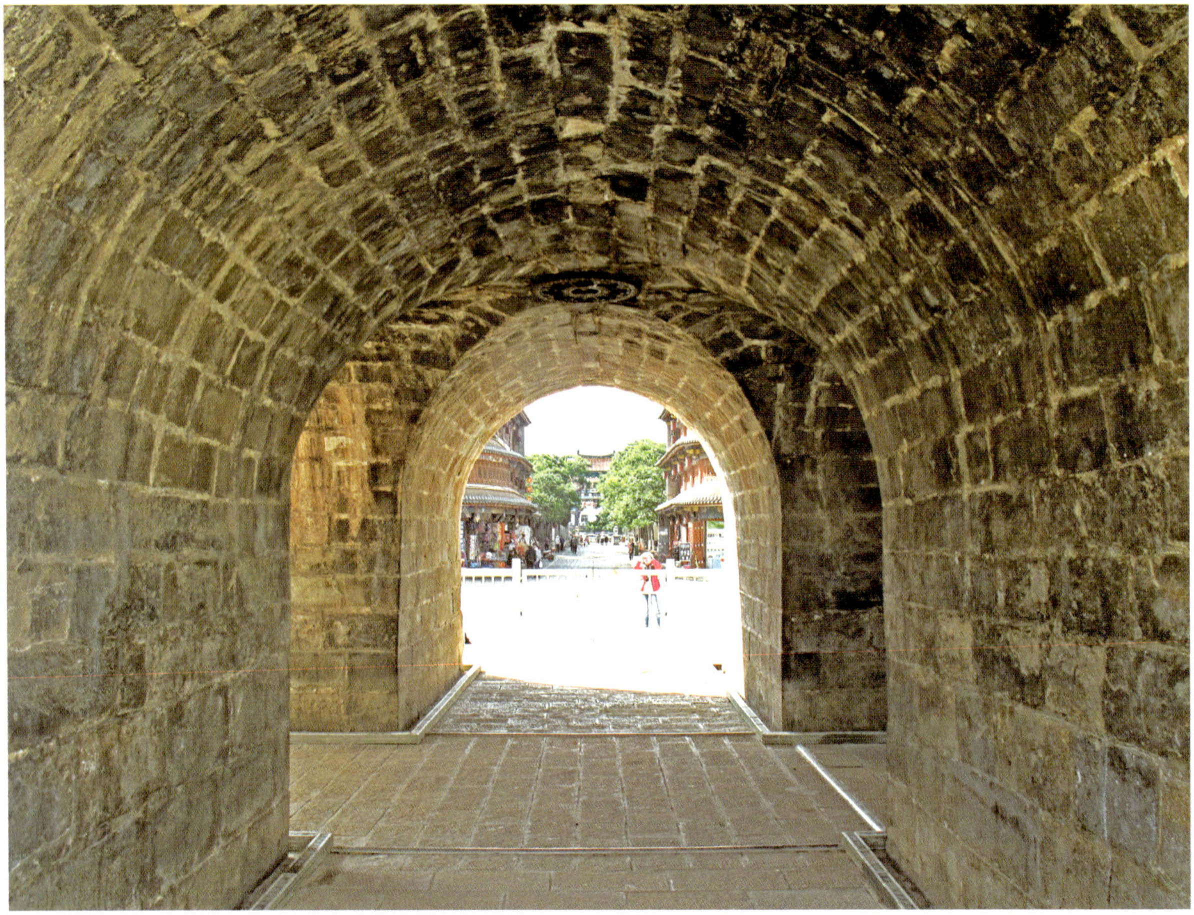

基座内的十字券道

1. “九会一印”石刻

在十字券道相交处的穹顶部分，嵌砌一外方内圆的石盘①，圆轮中刻佛像九尊，一尊居中，其余环列，以呈佛龛状的菩提树相隔，外有一圈火焰纹。四角底板为云纹。

这个石盘也是佛教密宗金刚界的一种佛坛（曼荼罗），属于以刻像部分显示佛菩萨的部众羯磨曼荼罗。九尊刻像代表了金刚界密教本经《金刚顶经》中以大日如来成身会为中心，并羯磨会、三昧耶会、大供养会、五智会、一印会、理趣会、三世羯磨会、降三世三昧耶会等共为九会，称为“九会一印”。

“九会一印”置于穹顶，在信众心目中具有至高无上的地位。

券道穹顶置“九会一印”石刻

①这个石盘原认为是铜盘或铸铁盘，但经官渡区博物馆研究员刘建坤检测，实为石质。

“九会一印”石刻

2. 碑刻

基座四壁上，除开设券门外，各壁还有一些碑刻，其中北壁三方，南壁、东壁和西壁各二方，总计九方。九方碑刻使用了梵文、藏文和汉字等三种文字，其中梵文二、汉藏文一、汉字六。九方碑刻按照内容可分为三类，一是念咒碑，二是额题碑，三是记事碑。念咒碑和额题碑位于券门上方，而记事碑则分布在券门两侧。这些碑刻都是解读妙湛寺金刚塔建造目的和建造历程的重要资料，十分重要。由于这些碑文风化严重，许多文字难以辨识，但从可辨文字中，仍然可以了解其大致内容。

（1）念咒碑

念咒碑计有相同的两方，分别位于南北两壁券门上方。念咒碑的内容为梵文书写的六字真言。六字真言又称六字大明咒、嘛呢咒等，是观世音菩萨心咒。念为“唵嘛呢叭咪吽”。意思是：“您，莲花宝，赐予一切的遍知。”信众认为颂念此咒时，大慈大悲观世音菩萨将一直与你同在，并圆满你的一切愿望。这就是前面介绍过佛教密宗修持的方便法门三密之一——口诵真言的“语密”。这是个简单的修法，容易了解，所有人都能修持。

基座的正面和背面都镶嵌了同样的碑文，说明了六字真言在密宗信众心中的重要地位。

南壁券门洞正上方的梵文六字真言碑刻

北壁券门洞正上方的梵文六字真言碑刻

（2）额题碑

额题碑两方，分别在东西两壁券门上方。东壁券洞正上方的额碑书刻“功德宝塔”四个大字，鄱易人张茂书。在佛教中，功指的是修行的功夫、功能，能破生死，能得涅槃，能度众生；德指的是修行人具有的善行，如布施、持戒、忍辱、禅定、精进、家德等。功德圆满，才能修成正果。

“功德宝塔”四字不仅明白无误地表达了罗珪策划和捐资建造金刚塔的心愿，也是对信众的劝导以及对五方五佛的颂扬。

西壁券洞正上方的额碑刻“延寿法门”四个大字，仍为鄱易张茂书。消灾延寿是佛家弟子的追求，法门指的是修持的动机和方法。只有延寿，才能有更长时间在人间修持，令人生过得有意义。可见，金刚塔即佛坛，作镇魔祛邪之用。礼赞金刚塔，便是祈愿佛菩萨威神之力，凭借佛菩萨的庇护，减少灾害，为更多患者解除病痛，为广大信士增寿延年。

“延寿法门”与对面的“功德宝塔”相对应，画龙点睛地点明了妙湛寺金刚塔修造的目的和意义，体现了佛教信众的追求。

东壁券门正上方的“功德宝塔”额题

西壁券门正上方的“延寿法门”额题

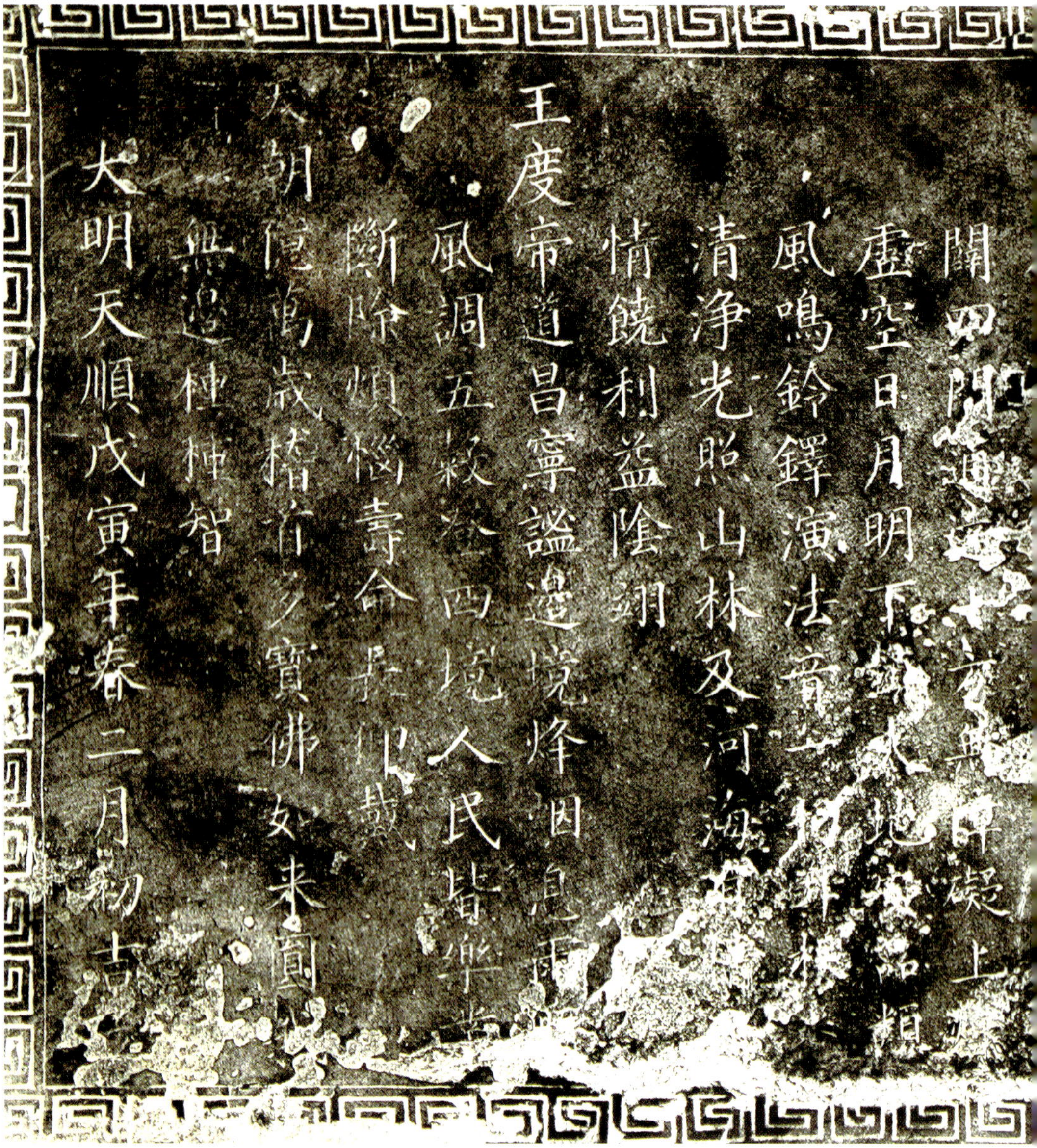

（3）记事碑

记事碑包括基座北壁券洞右侧的“新建石塔颂”和左侧的“新建妙湛禅寺石塔铭”，东壁券门右侧的“提调建立”碑，西壁的“重修妙湛寺塔记”。除“重修妙湛寺塔记”系康熙年间镶嵌外，其他均为明天顺二年（公元1458年）建石塔时镌刻镶嵌。

《新建石塔颂》一文由钦差镇守云南中官罗公命吴门陈谦撰写。碑文介绍了官渡和妙湛寺的地理位置和金刚塔的建造时间。碑文的主要内容是“颂”，采用七言骈文，赞颂了妙湛寺金刚塔的高大宏伟及宗教意义。曰：“□辉玉立五浮屠，高大光明见宝仪，东西南北辟四门，通达十方无障碍，上璨

"新建石塔颂"拓片

虚空日月明，下镇大地安品类，风鸣铃铎演法音，一切耳根了清净。"同时，特别赞颂了明朝自朱元璋就确立的"翊王度、益王纲"的宗教政策。曰："阴翊王度[①]帝道昌，宁谧边境烽烟息，雨顺风调五谷登。四境人民皆乐凿，断除烦恼寿命长，仰戴大明亿万岁，稽首多宝佛如来，圆我无边种种智。"全文用楷书书就，字体饱满圆润，有较高的书法艺术价值。

①朱元璋挑选德行高尚的僧人，以协助陪伴分封藩地的各位皇子治理一方、固守边防，他们回到自己的藩地，望治理领地也可以得到佛教的智慧裨益，即所谓"阴翊王度"。（荫护王室的法度）这个决策与朱元璋早期曾经的出家经历有关。

“新建妙湛禅寺石塔铭”拓片

《新建妙湛禅寺石塔铭》一文既然称铭，就应该是记述妙湛寺金刚塔建设始末的重要文字，但由于该碑的风化剥蚀十分严重，大部分文字已经无法辨读，仅碑文的前几行还能依稀辨认。从中，我们得知了两条重要信息：其一，“□□大宝之二年，钦命镇守云南太监罗公偕总兵官征南将军右都督沐公叶谋建石塔于妙湛寺前”。也就是说，妙湛寺金刚塔的建设，系罗珪和沐璘共同商议决定。至于“大宝之二年”，沐继远先生在《官渡古镇金刚宝座塔考并沐璘沐瓒与古镇妙湛寺》一文中判断是七世大宝法王转世灵童选定的第二年，即明景泰六年（公元1455年）①。大宝法王系噶举派的活佛，当时统领全国佛教。这里使用七世大宝法王的年号，说明了金刚塔与藏传佛教的关系之密切。如是，罗珪和沐璘在妙湛寺金刚塔动工之前的两年就开始谋划，说明建造妙湛寺金刚塔经过周密的策划和准备，包括了设计、备料和构件的制作等。碑文上记载的半年的建造时间，仅指砌筑的时间。其二，“凡佣工镶石所□功力悉出己资，一毫弗烦于民”。也就是说，妙湛寺金刚塔建设的所

①元世祖至元七年（公元1270年）封萨迦派首领八思巴为“大宝法王”。第五世大宝法王由明朝永乐皇帝册封，领天下释教，当时，还没有达赖和班禅的称号。大宝法王同时是藏传佛教活佛转世制度的创始者。

汉藏文“提调建立碑”拓片

有费用均系罗珪所出。

东壁券门右侧碑刻十分独特，内容也很重要。它用藏、汉两种文字书写，其汉文部分记载的是妙湛寺金刚塔建设工程提调、工匠的名录和人数。该碑没有碑名，依据碑文的文字和内容，可名为“提调建立碑”。

提调是负责工程指挥调度的官员，他们按照罗珪和沐璘的意图，具体负责妙湛寺金刚塔的形式设计、工匠聘用、材料采购、工序质量及一切建设事务。

碑文中列出了两位提调的名称及来历。一位是来自西藏的印度僧人，另一位是来自昆明西山太华寺宝自在吴禅师。也就是说，建造妙湛寺金刚塔的这位首席提调是来自西藏的印度僧人。可惜的是，由于碑文字迹模糊，他的名字无法辨认。此僧当时在五台山修行，罗珪和沐璘特意聘请他主持妙湛寺金刚塔的建造，意图十分明显，那就是妙湛寺金刚塔的建造式样须以金刚宝座塔式的室利沙舍利塔为蓝本。因为室利沙舍利塔就在五台山锦绣峰的圆照寺，而且，室利沙居五台山传法多年，该僧应为室利沙的弟子。

关于这两位提调的身世，现在已经无从考证，但这种组合，体现了罗珪和沐璘决意将妙湛寺金刚塔建成既保留室利沙舍利塔印藏特点，又有云南昆明本土特色的金刚塔的良苦用心。这一组合，使得官渡新建的妙湛寺石塔具有了藏式喇嘛塔与汉式过街楼相结合的特色，不经意间，为后人留下了一份别具特色的文化遗产。

尤为珍贵的是，文中还较为详细地记载了工头和工人的种类、人数，以及部分名录。其中管理和技术人员有田真、李玉、李珍、佛妙等16人，工人有杨盛、张友道、焦源、彭亮、刘昇、路景等52人，石匠有汪文海、刘海、沈义、邓海、阿闰等15人，堆砌匠有彭又才、候材、夏贵等10人，运石工有杨英等30人，其他还有漆匠1人、铁匠1人、其他工匠2人。计110多人。如此详细的记载工匠的名录，在我国古建

筑碑刻中十分罕见，也可能是绝无仅有。

据分析，建造金刚塔所用红砂石采自西山背后的洛阳山法华寺一带，共约2000吨。由于策划和准备工作周全，工程进行很快，自明天顺元年（公元1457年）十月始，至明天顺二年（公元1458年）三月毕，历时半年，建塔告竣。

西壁券洞左侧的“重修妙湛寺塔记”镶嵌于清康熙三十五年（公元1696年）七月，由时任昆明县令罗国珍撰书。碑文为行书，记载的是当年二月地震，妙湛寺及寺前三座塔皆有所损坏，县令罗国珍带人亲往察验，看到寺前双塔顶部危险，而金刚塔的基座墙坍塌了一半，于是，罗国珍动员捐资“百十金”修缮。基台顶部北沿有栏杆石料之色泽异于其他三面，揣想系这次修缮时所为。

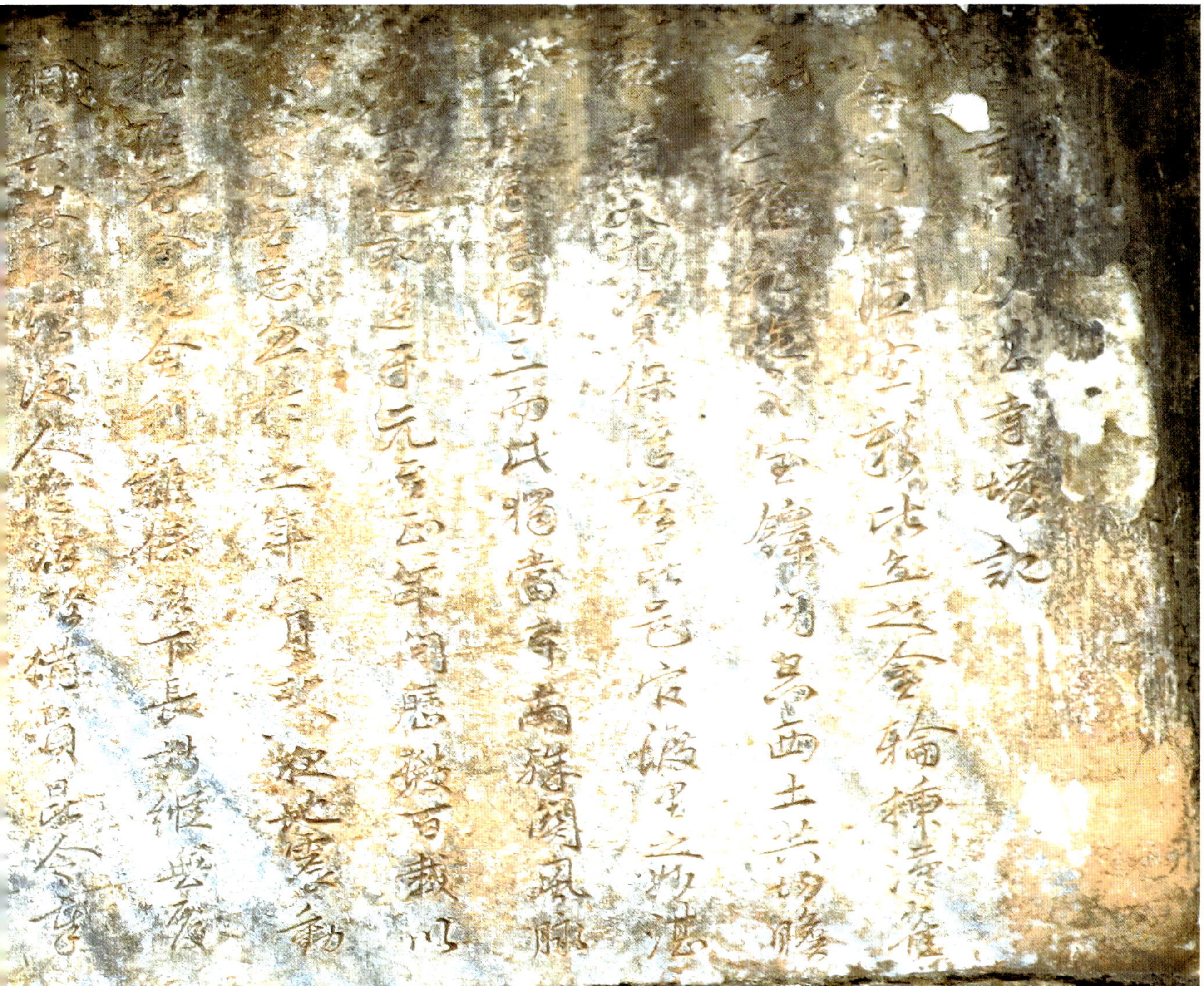

“重修妙湛寺塔记”碑

五塔

（二）五塔部分

妙湛寺金刚塔的基座之上立有五塔，中心为一座大塔，四角各设一座小塔，是金刚宝座塔的主要特征。按照“佛塔一体，塔即是佛，佛即是塔，礼塔如礼佛”的佛教信仰，五座塔分别象征密宗五部五佛，即中央佛部大日如来（毗卢遮那）、东方金刚部阿閦佛、南方宝部宝生佛、西方莲花部阿弥陀佛、北方羯磨部不空成就佛。

五塔均采用喇嘛塔式。但中心塔与四角塔相较，无论高度、体量、形状和雕饰等，都有很大不同。

中心塔与角塔对比

角塔局部

角塔之一

中心塔

1. 中心塔

中心塔全高12.42米，从下到上，依次由塔基、塔身、塔刹三个部分共九个构件组成。

中心塔的塔基由须弥座和莲花座组成。须弥座为方形，高 2.62、边长 5.5 米，是一种上下出涩、中间收束的建构。上部出涩四叠，高 0.69 米，下部出涩六叠，高 1.01 米。中间束腰高 0.92、宽 5.04 米。为汉式做法。这里的须弥座与基座的须弥座大小不同，具体式样也有所区别。须弥座的束腰部分每一侧面开有壶门，壶门间各有三块浮雕，每块高 0.45、宽 0.7 米。共十二块。浮雕的内容，主要是五佛手持的法器和坐骑，也都是“三昧耶”佛的象征。

在五方佛体系中，五佛的法器和坐骑都有规矩。中央大日如来持法轮或佛塔，坐骑为狮子；东方阿閦佛持金刚杵，坐骑为象；南方宝生佛持宝珠，坐骑为马；西方阿弥陀佛持莲花，坐骑为孔雀；北方不空成就佛持羯磨杵，坐骑为迦楼罗。

中心塔须弥座

中心塔须弥座西面壶门浮雕

中心塔须弥座东面壶门浮雕

不过，由于须弥座只有四面，要完整的表现五方佛还差一方。于是，壶门雕刻省去了象征南方宝生佛的宝珠和马。又因为各佛的器物和坐骑各只有一种，而各壶门的雕刻有三块，于是，在每一方的三幅图案中，左右两边为形象不同的同一种坐骑，中间则为法器。

这样处理的结果是：东面雕刻法轮和狮子，象征大日如来；南面雕刻以大象和金刚杵代表阿閦佛；西为孔雀和莲花，象征阿弥陀佛；北为迦楼罗和羯磨杵，象征不空成就佛。

东面壶门右边的狮子浮雕

南面壶门中的大象浮雕

西面壶门左边的孔雀浮雕

北面壶门右侧的迦楼罗浮雕

北面壸门中间的羯磨杵浮雕

西面壸门中间的莲花浮雕

须弥座束腰四个转角部分各雕有一金刚力士。金刚力士在佛教中是护法天神，以威猛、坚强、能摧毁一切魔扰邪患著称。金刚力士造像均高0.76米，皆呈蹲跪状，一手举托，一手抚膝；大头方脸，宽鼻大眼，双耳齐肩，躯干饱满敦实，充满力量感；束发、赤足，戴耳环项圈，手脚戴环，有着浓郁的民族特色。

主塔须弥座力士像线图 （李岚 绘）

东北角力士像

东南角力士像

西南角力士像

西北角力士像

力士雕像所在位置

力士雕像所在位置

方形须弥座上，是逐渐收束的七重覆瓣莲花座。莲花宝座是佛菩萨结跏趺坐时的莲台。莲花“出淤泥而不染，濯清涟而不妖”，象征教义的纯洁高雅。莲座还有表法的意义：佛教认为真正的智者不仅解脱了尘世的烦恼，而且在现实中不随波逐流，并能用自己高洁的品格和博大的智慧引导、感化芸芸众生，使其趋善如流。

莲座之上就是高 2.15 米的覆钵式塔身。覆钵式塔身来源于印度佛教的“窣堵波”，原是供奉佛祖释迦牟尼舍利的一种佛教建筑，中文译为“塔”。“窣堵波”的覆钵式半圆形，象征着佛教至圣的精神空间。这类塔身在藏传佛教中广泛使用，是喇嘛塔的主体。

七重覆瓣莲花座

中心塔覆钵体

中心塔覆钵体上的眼光门

阿閦佛

阿弥陀佛

宝生佛

不空成就佛

塔身四面均设有宽 0.46、高 0.95 米的佛龛，称为眼光门。所谓眼光门，被认为是佛的目光，以表明世间芸芸众生，万事万物皆在佛的注视之下①。喇嘛塔的眼光门有许多不同的形式。妙湛寺金刚塔的眼光门为佛龛式，内各置高 0.52 米的佛像，按手印判断，分别是施禅定印的宝生佛、施降魔印（触地印）的阿閦佛、施法界印的阿弥陀佛和施无畏印的不空成就佛。

①尼泊尔加德满都的斯瓦扬布寺佛塔，其塔身上画着一对大眼睛，似乎是对“眼光门”一词最好的注释。

中心塔塔刹

塔身之上，便是高5.8米的塔刹，俗称塔顶。

塔刹包含刹座、刹身和刹顶三部分。

刹座由须弥座和覆、仰莲各一重叠加组成，总高2米。这里再次使用了弥座式和莲座作为刹身的基座，也体现了塔刹的崇高地位。

刹身由相轮和华盖宝伞组成，相轮高2.38米为上小下大的圆锥形，套13个圆环。相，即佛的表象。它作为塔的一种供人仰望的标志，起着引人敬佛礼佛的作用。喇嘛塔大多采用十三个相轮，象征佛教修成正果的十三个阶段。因此，这一部分又称之为“十三天”。

华盖宝伞

在上数第 4、5 个圆环处置有铜质圆形华盖，盖沿下垂 0.64 米，饰镂空的莲花如意草图案，外挑铃铎八件。 华盖原是古印度皇室、贵族出行的仪仗器具，为权利、财富的标志。佛、菩萨的高座上方往往悬有华盖， 用来显示佛菩萨等的庄严和地位崇高。藏传佛教还认为，佛法如神圣的华盖，遍覆三千世界，广施慈悲， 普惠众生。

相轮之上，便是高 1.79 米的刹顶。由覆、仰莲座，摩尼珠和葫芦形宝瓶组成。

摩尼珠又称如意宝珠。在佛教中，摩尼珠象征十五的明月或太阳，是自然流露灵光，普照四方的珍宝，用以譬喻佛法与佛德。摩尼珠处下悬四个小铃铎。铃铎声声， 佛音传遍四面八方。

宝瓶是佛教的法器，属八吉祥之一，又称如意瓶、吉祥瓶。宝瓶可置五宝、五谷、五药、五香、净水（甘露）， 象征着吉祥清净，福智圆满；做成葫芦状，又取汉语谐音“福”“禄”。

刹顶

2. 角塔

角塔分布于基座四角，比起雄伟高大装饰华丽的中心塔，显得小巧、简洁，因此一般称为小塔。角塔均高4.39米，仅为中心塔的三分之一。其造型仍为喇嘛塔式样，但与主塔有诸多不同。第一，角塔均有一个比例较大的须弥座。须弥座平面为正方形，高1.85、边长1.62米。下为三叠，上为二叠，束腰

四角小塔之一

角塔塔顶部分

部分高0.58、边长为1.24米，未开壶门。须弥座上置台阶式三层金刚圈，高0.51米，因此角塔的基座部分总高2.36米，高于角塔塔身。第二，覆钵式塔身高0.64米。未开眼光门。第三，塔刹部分高1.46米。其中刹座由仰莲和六角磬石组成，高0.72米。刹身未显相轮圈，仅为略有收束的方形打边石柱，高0.7米。刹顶高0.62米，置于六边形片石之上，由屋宇式六角攒尖顶承托葫芦宝瓶。第四，角塔通体未有雕刻纹饰图案，简洁素雅。

官渡区文物部门工作人员会同文物专家对金刚塔保护工作进行研究

四　妙湛寺金刚塔的建筑艺术特色和价值

妙湛寺金刚塔的建筑形式虽脱胎于五台山的室利沙舍利塔，但并非是室利沙舍利塔的简单复制，而是参考了喇嘛塔、昆明本地寺塔特别是万庆塔的样式，进行了创新。

与五台山的室利沙舍利塔对比，妙湛寺金刚塔在基座式样、五塔造型及雕饰艺术等方面受到区域性、民族性、建筑艺术等诸方面因素的影响，形成了自己独特的风格。

（一）唯一一座全石材构筑的金刚塔

妙湛寺金刚塔在历史上一直被称为妙湛寺石塔，是一座除塔刹伞盖外全部由石材构筑的金刚塔。石材构筑给人以天然的浑厚之感，不仅象征着佛祖顿悟成佛之地金刚座及佛教密宗金刚界的坚不可摧，也使得宝塔的造型更显得雄伟沉稳。

妙湛寺金刚塔也是全国现存金刚塔中唯一一座全部用石材构筑的金刚塔，其他8座均为砖石结构。金刚塔重达1350吨，建在滇池边湖积平原之上，地下为夹杂大量螺蛳壳的湖积相淤泥质黏性土，较为松软，古人因地制宜，利用了螺蛳壳层本身有一定强度、不易压碎的特性，采用密集打

官渡妙湛寺金刚塔

妙湛寺金刚塔地基做法

桩的办法，构建了一个坚实的基础层，并且巧妙地把金刚塔建构得对称均匀，合理分布荷载，分散单位压力，从而使这座石塔在湖滨历经五百多年的风雨侵蚀和数次地震、火灾、兵燹，依然屹立并保持完好，创造了建筑史上的奇迹。

（二）鲜明的汉藏文化结合和地域文化特征

妙湛寺金刚塔把汉式须弥座过街式基座与喇嘛塔身相结合，具有鲜明的汉藏文化结合的特征。

妙湛寺金刚塔基座建筑明显是受到汉文化影响。一是塔基正方形平面布局和立方基体来自中国传统的城门建筑；二是十字穿空的过街楼式，借鉴和运用了汉式亭台楼阁通透的建筑形式。

妙湛寺金刚塔塔身采用喇嘛塔式，显然是继承了室利沙舍利塔的做法。喇嘛塔来源于印度的窣堵坡，后演变为覆钵式塔，是藏传佛教主要的建塔式样。元代随着喇嘛教的兴盛，喇嘛塔传入中原，此后，为礼佛的便利并显示喇嘛教的崇高地位，喇嘛塔与中原地区传统的城楼建筑相结合，出现了过街楼为基座的喇嘛塔，反映了佛塔世俗化的一种趋势。这类塔见于记载者，以元大都（今北京）南城彰义门塔为最早，约建于元至元八年（公元1271年）。此后，北京地区建立的元代过街塔还有西山宣文弘教寺门塔、西山卧佛寺门塔、南口过街塔、居庸关过街塔、卢沟桥过街塔和门头沟崇化寺塔门等。这些塔大多已不复存在，仅余居庸关过街塔和门头沟崇化寺塔门的台座。同一时期，西藏地区也出现了不少以过街楼为基座的喇嘛塔。

十字穿心过街楼

西藏拉萨过街塔

承德避暑山庄五塔门塔

昆明万庆寺塔

元代，昆明地区也出现了一座过街楼式喇嘛塔——万庆寺塔。

万庆寺过街塔原在昆明城东大道上，因原址上曾建有万庆寺，故名万庆塔。塔下是一个方形台座，下面开有券洞，车马人等可通行其间。上面建一座砖砌覆钵式喇嘛塔，外面抹着白灰，故又称白塔。俗称“穿心塔”。

不过，这些塔的过街楼基座上，多为 1 ～ 5 座横向排列的覆钵式喇嘛塔，显然并不属于金刚塔类型。

罗珪来自京城，对北京地区的过街楼喇嘛塔自然有所了解，他到云南后，进出云南府城（昆明城）必经万庆寺的过街塔，必然也获得不少启发。因此当他决定在妙湛寺前建“浮图一规”时，不仅采用了五台山圆照寺室利沙舍利塔的基本式样，而且为了信众的方便，还采用了万庆塔的过街楼式样。不同之处在于，万庆塔的过街楼仅为对穿门道，而妙湛寺金刚塔则采用了十字交叉门道的须弥座式。

因此，妙湛寺金刚塔鲜明地体现了汉藏建塔文化的融合，这种十字穿心楼式的金刚塔也是全国现存的唯一一座。

官渡妙湛寺金刚塔采用的高台式过街楼基座，使得金刚塔更加庄严肃穆，这种形式也影响了此后所建的金刚塔。如北京真觉寺塔、碧云寺塔、玉泉山妙高塔以及呼和浩特慈灯寺塔、襄阳广德寺多宝佛塔等，都采用了高台式，只不过由于这些塔的位置都在寺院之内，没有通行的需求，虽然也开有券洞，但不对穿，内或设佛堂，或设楼梯通达顶部。

（三）五塔造型体现了喇嘛塔的发展变化

妙湛寺金刚塔的五塔造型有所创新，别具一格，体现了元代喇嘛塔向清代喇嘛塔过渡的形制变化。

喇嘛塔的式样虽然有八种不同风格，但结构基本相同，从下向上分别是塔座、塔身和塔刹。此类塔一般具有五个显著的特点：一是塔基称为“金刚圈”，为显示其坚固，多采取方形折角的台阶式或“亚”字形须弥座式；二是覆钵虽然上大下小，但收束幅度不大，似钟形；三是相轮粗壮；四是塔刹多为日月造型；五是塔面素洁，无过多装饰。这样的造型，不仅与藏传佛教的教理相应，且与高原雪域的粗犷地貌相协调。随着元代统治的建立，喇嘛教日渐兴盛，喇嘛塔逐渐出现在全国很多地区。

喇嘛塔示意图

官渡妙湛寺金刚塔全貌

元代万庆寺塔塔身

随着喇嘛塔在各地的建立，藏式喇嘛塔的造型受到汉文化的濡染和地理环境的影响也开始逐渐变化，特别是进入明代以后，喇嘛塔的建筑风格也发生了显著变化。在这个过程中，建于明代中早期的妙湛寺金刚塔主塔便是一典型见证。

一是它的基座造型。妙湛寺金刚塔没有采用室利沙舍利塔“亚”字形折角台阶须弥座式，而是规整的汉式须弥座和圆形仰覆莲座相结合的形式。二是将室利沙舍利塔的钟形覆钵改为向下收束的幅度增大的瓶形式样。三是相轮变得较为相对瘦细。

这些变化增强了金刚塔的秀丽感，更符合云南作为多民族融合地区形成的审美意识。

妙湛寺金刚塔喇嘛塔身

此外妙湛寺金刚塔的四角小塔则做了简化处理，须弥座塔基之上置方涩、覆钵塔身，塔刹立于八角形石板之上，由经幢式八面形石柱、葫芦形宝瓶组成。除覆钵塔身和塔刹顶为弧线外，其他均为直线条，显得刚柔并济、朴素无华。小塔与中心塔的高度比例为1∶3，十分协调。大小塔相映生辉，俊秀的塔刹簇拥耸立，犹如雨后春笋，争相破土，轻盈俏丽，有一种灵动之美。

（四）雕刻艺术丰富了金刚宝座塔的表现形式

一般来说，藏传佛教的喇嘛塔以结构的象征性为主，追求一种圣洁清净的理念，无论基座或覆钵，皆光洁无饰。元代传入内地后，仍然保留其素洁无华的特色，保存至今的五台山室利沙舍利塔即如是。

然而，妙湛寺金刚塔除了严格按照宗教意义在部件和结构方式上有所体现，一改喇嘛塔和室利沙舍利塔素洁无饰的风格，在

妙湛寺金刚塔主塔测绘图 （李岚 绘）

基座、塔身、塔刹等部分采取浮雕、圆雕等艺术手法，将象征五部五佛的宗教符号加以形象化的艺术表达，从而丰富和发展了金刚宝座塔的表现形式，奠定了此后同类塔的装饰基础。

其一，妙湛寺金刚塔不仅以五座不同方位的塔象征金刚界五部五佛，而且把大日如来（毗卢遮那）的坐骑（台座）狮子、法器法轮或佛塔，阿閦佛的坐骑（台座）大象、法器金刚杵，阿弥陀佛的坐骑（台座）孔雀、法器莲花，不空成就佛的坐骑（台座）金翅鸟、法器羯磨杵等，采用浮雕的艺术手法，镌刻于须弥座的壸门之中。

其二，除了象征性的表现方式，妙湛寺金刚塔的装饰中也出现了人物形象。一是覆钵塔身四面的眼光门开为佛龛，各有圆雕坐佛一尊。元代的喇嘛塔多为无眼光门的设置或仅设一道眼光门。明代的室利沙塔仅在正面开眼光门，置佛像一尊，而妙湛寺金刚塔塔身四面均置佛龛，依其手印判断，为宝生佛、阿閦佛、阿弥陀佛和不空成就佛四方佛。这种做法显然受到了昆明东西寺塔的启发。二是在基座十字券洞穹窿顶部的石雕“九会一印”，出现了用人物形象表现的羯磨曼荼罗。三是中心塔须弥座四角金刚力士采用圆雕人物手法，造型简洁，具有地方民族特色，威武雄壮、承托负重之感跃然眼前。

其三，妙湛寺金刚塔的过街楼基座门洞上有梵文、汉文书写的门额和藏文、汉文的碑刻题记，使人们能够清楚地理解建塔的目的、前因后果和建造过程。

妙湛寺金刚塔通过艺术与世俗化的手段，将抽象的、思辨的宗教哲学和教义转化为具体的艺术形象。尽管由于岁月沧桑和砂石建构的特点，部分雕刻风化剥蚀，但仍可想见它当年的艺术魅力与光彩。

（五）官渡古镇建筑群的“画龙点睛”之作

在景观造型艺术方面，妙湛寺金刚塔作为官渡镇古建筑群的核心，起到了“画龙点睛”的作用。

官渡自古以风光优美的旅游胜地闻名，虽然自元代以后的数百年间，由于滇池水位的下降，官渡的渡口码头功能日益淡化，但是，由于坝子的扩大，官渡一带成为滇池东北岸土地肥沃、农耕水平最高的地区。这里人口密集，商贸发达，自然景观和人文景观相融。妙湛寺金刚塔建成后，与两座密檐砖塔交相辉映，不仅体现了“有容乃大”“显密并举”的佛门精神，而且建筑高低错落，品字布局，十分壮观，构成了官渡镇古建筑群的核心。

到了清代，官渡古镇已形成洋溢着浓郁文化色彩的“六寺七阁八庙”建筑群，并形成了古渡渔灯、螺峰叠翠、云台月照、杏圃牧羊、凌云烟缭、滇南草坪、金刚夜语、笔写苍穹的 “官渡八景”。在这优美的自然环境和浓郁的文化氛围之中，妙湛寺金刚塔起到了“画龙点睛”的作用。

1965年，官渡妙湛寺金刚塔被公布为省级文物保护单位，1996年国务院公布其为全国重点文物保护单位。

《官渡渔灯》（清 张士廉 绘）

《官渡古镇图》（刘建坤 绘）

五　妙湛寺金刚塔的保护与顶升

（一）妙湛寺金刚塔的原始基础

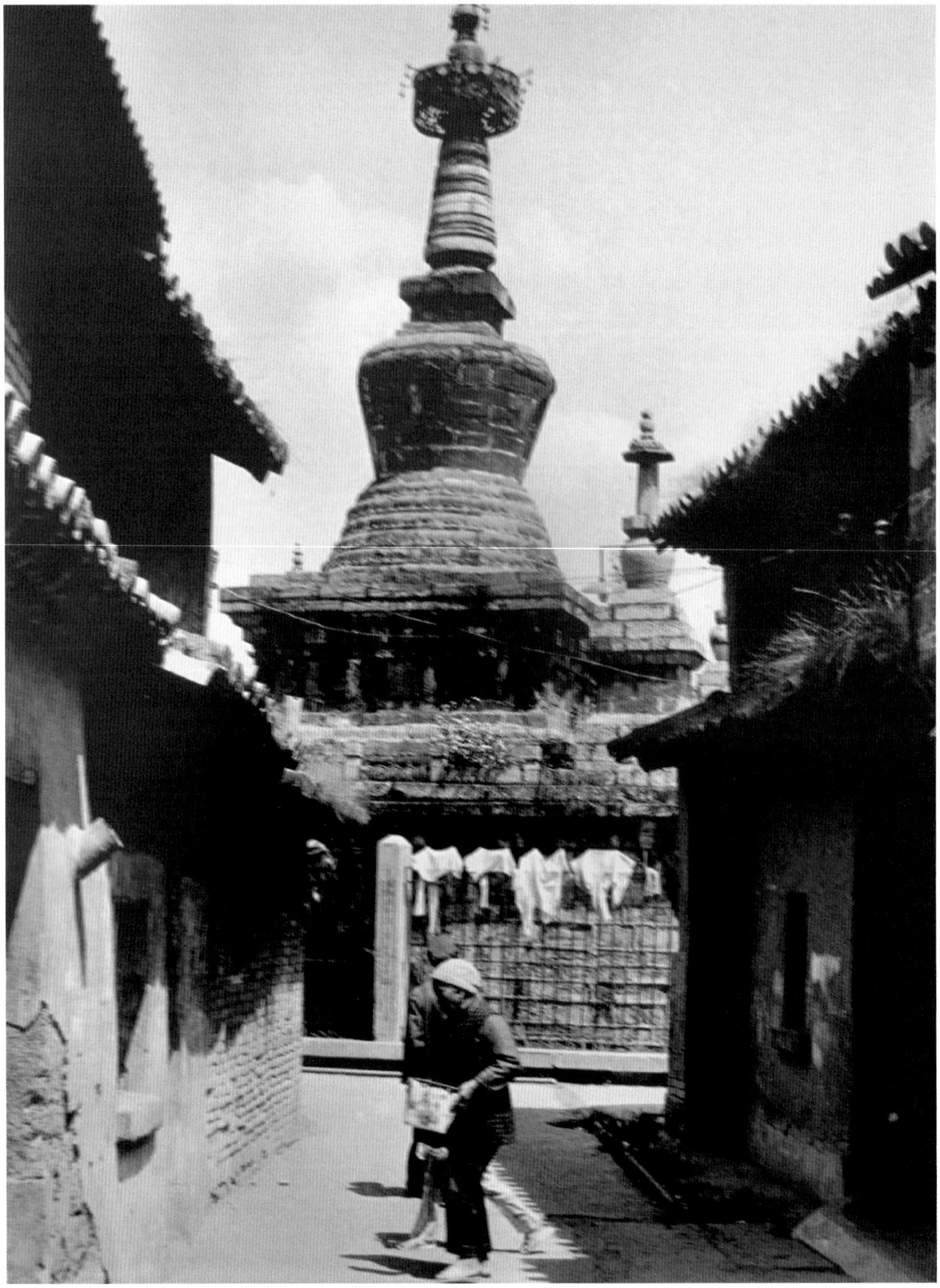

沉降状况一（1997年）

妙湛寺金刚塔建筑在唐代露出滇池水面的湖积平原之上，属于古滇池湖相沉积港湾地带，地下为厚度较大的沼泽、湖积相淤泥质黏性土，也就是说，妙湛寺金刚塔所在位置的地质条件较为松软。

而就在这样的地质条件下，古人却创造了建筑史上的奇迹，建造了一座重达1350吨的石塔。当时的工匠们是怎么样处理金刚塔的基础的呢？

根据2001年勘察资料，金刚塔建造之时，工匠们开挖了边长为20米的基坑，这个基坑只开挖了约1米深，由于出水不止，无法继续向下。显然，这样的基坑是无法承受金刚塔的重量的。于是，工匠们在基坑下方螺蛳壳密集的地层中以20厘米为间距，打入了数百棵密密麻麻的、直径8～20厘米、长约1.5米的杉松木桩。木桩起到了挤密螺蛳壳层的作用。由于螺蛳壳紧紧挨在一起，具有了一定强度，不易压碎；又因其材质能均匀分配承担上部荷载，对建筑物隔震、防止地下水淤积起了很好的作用，有利于塔体稳定，减少塔体的不均匀沉降。由此，一个边长10、深2.5～3米的宽大基层形成了。

工匠随后在这个木桩基层上采用拌和的碎螺蛳壳、黏土、炭渣等对基坑分层夯实，再用厚10～15厘米的浅埋毛石作为塔体的支撑，用这三层结构共同组成地基基础。

在当时的施工条件和技术下，这个地基已属十分坚固。同时由于古塔建构均匀对称、自身荷载分布较合理，压力分散，重心较低，因此，金刚塔能够雄立于湖相沉积地带数百年而不倒，创造了古代建筑史上的奇迹。

沉降状况二（1997 年）

（二）历史沧桑——均匀沉降

妙湛寺金刚塔度过了漫长的历史岁月，其地下的杉松木桩逐渐腐朽，在古塔的自重压力作用下，三合土基层的强度降低，金刚塔出现了均匀沉降的现象。而且由于金刚塔地处官渡集镇的中心地带，周边人口密集，在不断地住房改建和增建过程中，金刚塔周边的地坪逐渐抬高，从而形成了以金刚塔为中心的地面较低的状况。加之20世纪五六十年代，金刚塔东侧建一座小型工厂，其污水尽排至古塔周围，从塔基石缝渗入基础换填层，致使原地基基础的稳定性发生变化，从而产生了建塔以来较为明显的地基沉降。

沉降状况三（1998 年）

沉降状况四（1998 年）

1965年，云南省人民政府公布妙湛寺金刚塔为第一批省级文物保护单位。在紧随而至的“文化大革命”期间，妙湛寺金刚塔的保护未受到关注，直至1970年，金刚塔已经低于周边地坪1米多，处于被污水浸泡的恶劣环境之中。

1980年，云南省人民政府拨款对金刚塔进行了维修。囿于当时的条件，只是排走了污水，清除塔基污泥，浇注水泥地坪，建了挡土墙和防护栏杆。塔体墩台墙壁则用水泥勾缝处理。但是这些方法并未完全阻止金刚塔的沉降现象。每到丰水期，地下水位上升，金刚塔仍然会有沉降。

沉降状况五（1998 年）

20 世纪九十年代昆明市领导查看金刚塔的沉降隐患

1996年，妙湛寺金刚塔被公布为全国重点文物保护单位，金刚塔的保护进入到关键时期，此时正值官渡区委、区政府为大力发展旅游事业以推动经济社会发展的时期，于是决定在保护好文化遗产的前提下，将官渡古镇建设成为旅游小镇。

作为官渡古镇的中心和灵魂，妙湛寺金刚塔首先被列为重点修缮对象。

（三）金刚塔顶升工程[①]

1. 方案选择

顶升前，金刚塔地面已经低于周围地面1.6米，基座浸泡在0.5米深的水中，塔身也出现倾斜。主塔覆钵出现裂缝，塔尖向东南偏斜25厘米。同时，塔体表面均有不同程度风化，主塔风化尤为严重。

1997年官渡区文管所绘制的沉降状况及环境整治设计图 （刘建坤 绘）

鉴于此，官渡古镇恢复建设工程指挥部邀请有关部门和相关专家对妙湛寺金刚塔的保护进行了反复认真的探讨与研究。经过分析研究，金刚塔的主要问题是塔体沉降，其主要原因是塔基渗水、基础部分已经不能承载塔体的压力。如果仅采取塔基灌浆嵌缝加固的方法，或者采用喷旋桩构成地下挡水墙的方法解决，都难以解决塔身沉降问题。根本办法只有重做基础并整体升高。

金刚塔顶升结构组合模型

整体升高有两种选择。一个方法是将塔体拆卸，用现代技术和新材料重做并加高基层和基础，然后再将塔体按原样恢复。这个办法比较简单，技术上可行，但问题是拆卸塔体和恢复将不可避免对塔体的结构和风貌造成一定程度的损害，将损失一些原始信息，因而不到万不得已一般不予采

①边智慧：《古塔建筑维护的整体顶升技术研究》，硕士学位论文，天津学工程学院 2003 年。

用。另一个方法就是整体顶升，这个办法的优点是对基座和塔体原样整体保护不构成任何结构和风貌的损害，仅改变金刚塔的基础。从技术条件看，当时我国已有几十例建筑物整体移位、旋转、纠偏、顶升的工程实例，技术也日臻成熟。因此，整体顶升金刚塔具有可行性。但在当时，整体顶升的技术应用于文物保护尚无先例，金刚塔重达1350吨，且内部结构和施工质量不清、基层土质强度不高，整体顶升还是具有一定的难度和风险。

当时，河北省古代建筑研究所、河北省建筑科学研究院已多年致力于建筑物整体移位顶升等工程施工技术研究工作，并为此投入了大量的人力、物力，积累了相当丰富的经验。因此，经云南省文物局申请，国家文物局审批，同意用整体顶升的方法对妙湛寺金刚塔进行重点修缮，并由河北省古代建筑研究所与河北省建筑科学研究院联合制定金刚塔的顶升保护方案。

河北省古代建筑研究所与河北省建筑科学研究院组织专家和技术人员对金刚塔的历史渊源、价值意义等进行了深入研究，对基础周边的地质状况进行了勘察，对沉降原因进行了科学分析，确定了设计施工指导思想，明确了计算方法，并对顶升体系中止水帷幕、静压桩、原结构无损加固、地基基础托换、顶升就位等进行模型分析，对原结构稳定性进行分析，制定了《昆明市官渡区妙湛寺金刚塔整体顶升方案》。

基座和塔体加固

经专家多方论证，官渡古镇恢复建设指挥部正式委托河北省建筑科学研究院实施古塔整体顶升工程。

2. 施工过程

顶升保护工程的具体步骤为：现状加固→降水→基础托换→顶升→就位。工程全程进行监测，其中基础托换是工程核心。

（1）现状加固

为确保顶升过程中塔体安全，对金刚塔先采用上下联系、内外结合的方法进行整体加固。主要措施为在塔体外部做型钢支护，塔基四角设钢靴，塔座券洞内部设型钢支撑，并将塔座内、外、底三处加固型钢连结成一体，使整个加固结构成为一个立体受力体系。同时用钢板封护浮雕石刻等附属文物。

（2）降水

根据勘察情况，金刚塔所处地点地下水丰富，其主要含水层螺壳混合土层透水性极强，为此必须做止水帷幕将塔体与四周隔开阻水。经分析决定采用深层搅拌桩止水帷幕阻水，同时考虑桩体在后续工作中要为基础置换提供反力支架，因此，止水帷幕设计为相互搭接的双排深水泥层搅拌桩。每根搅拌桩直径为50厘米，内排桩长为9米，外排桩长为7.5米；从而形成厚度1.3、深度9米的格栅状挡土止水墙。然后坑内分步降水，以保障工程的顺利进行。

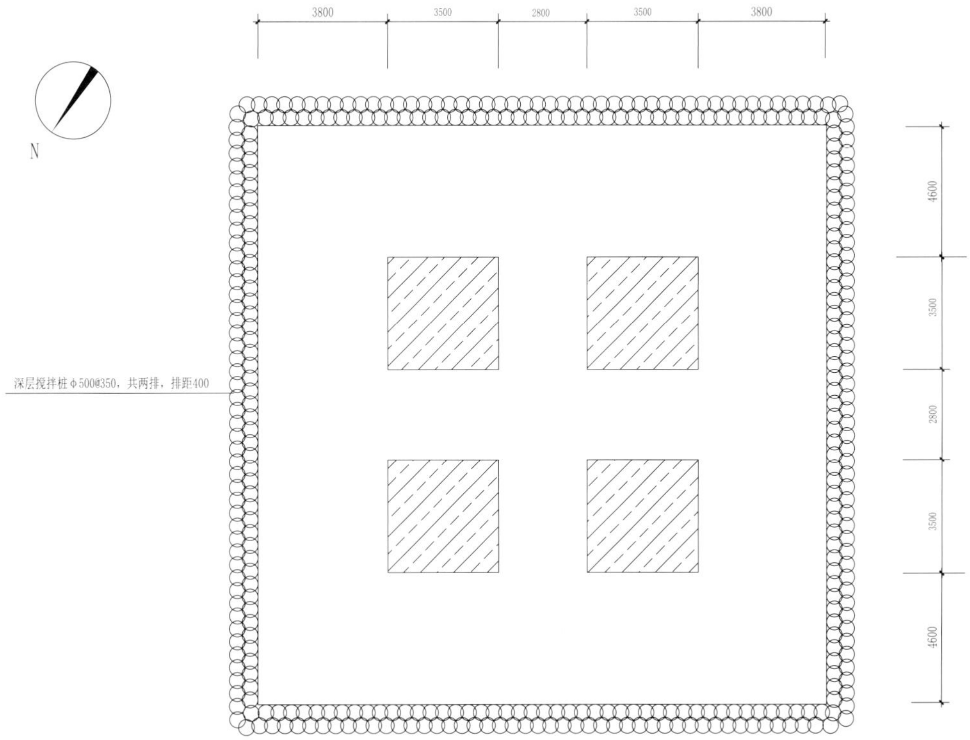

止水帷幕布置图

止水帷幕、反力桩分布模型

（3）基础托换

要完成金刚塔的顶升就必须对基础进行置换，使置换后的基础有足够大的刚度来承担上部石塔的重量，从而使塔体转变为一个可移动体系，完成顶升施工。

基础托换包括做静压桩为顶升工程的支撑结构、顶进混凝土空心箱梁置换基础、浇注钢筋混凝土承台及承台梁三个部分。

支撑结构采用36根长20米、横截面为40厘米×40厘米的静压预制方桩，压入塔座四周。承台为浇注钢筋混凝土承台及承台梁。

置换基础是将金刚塔以“十”字券洞为界划分为四部分，分别将这四部分塔座下的基础土体逐渐挖出，再分别用长1.6、宽1.2、高1米的箱梁顶进代替，然后在中空的箱梁内部穿筋浇注使之成为一个整体。箱梁再与“十”字券洞及周围的托梁构成的“田”字大梁相结合，形成一个可靠的受力体系。

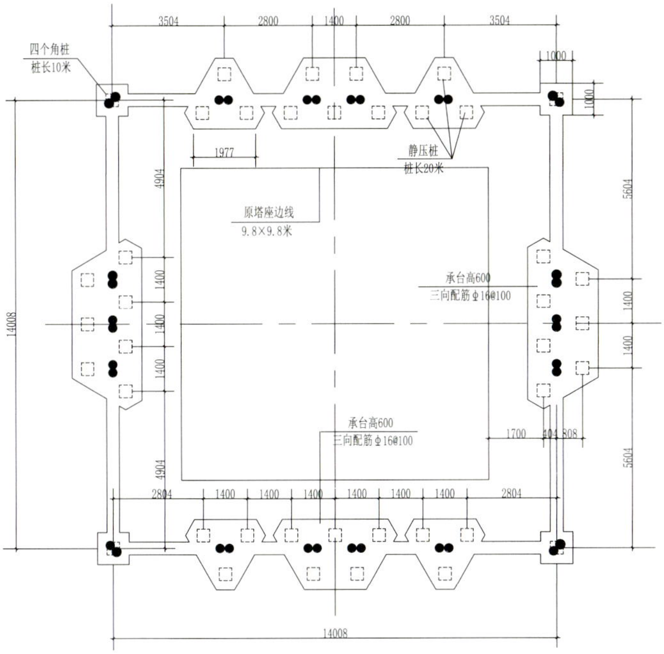

静压桩及承台平面图

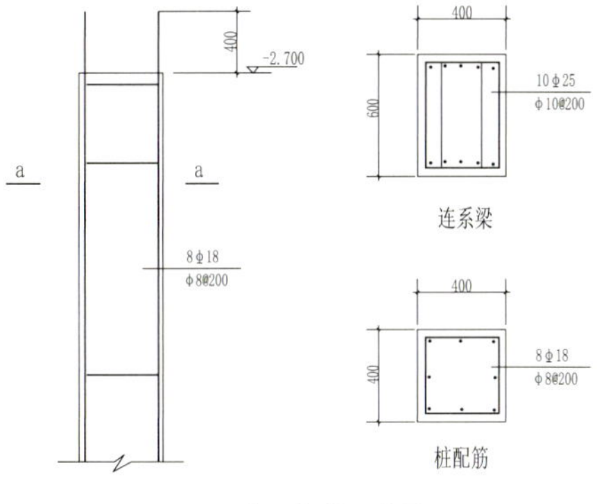

桩及连系梁配筋图

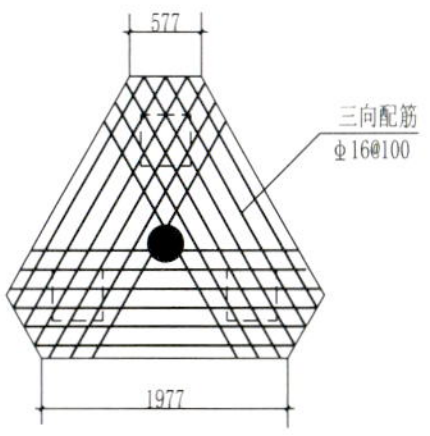

承台配筋示意图

静压桩及承台平面图

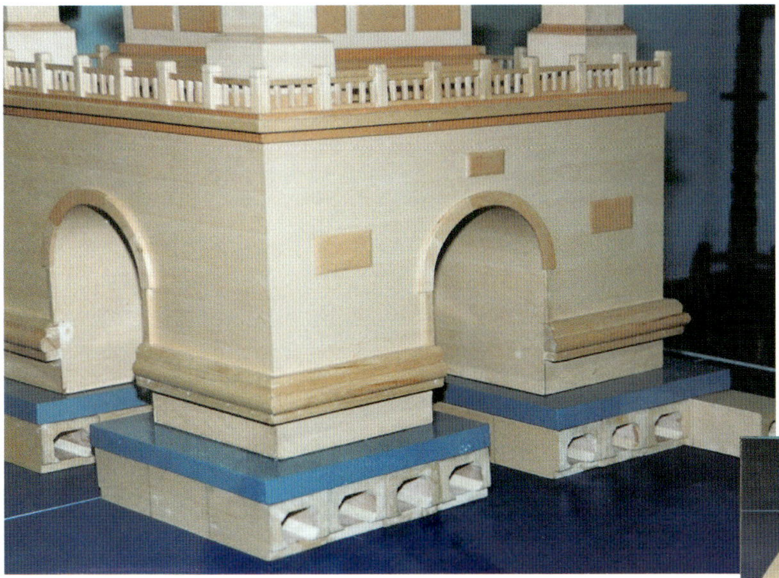

塔体下顶入箱梁托换基础示意模型

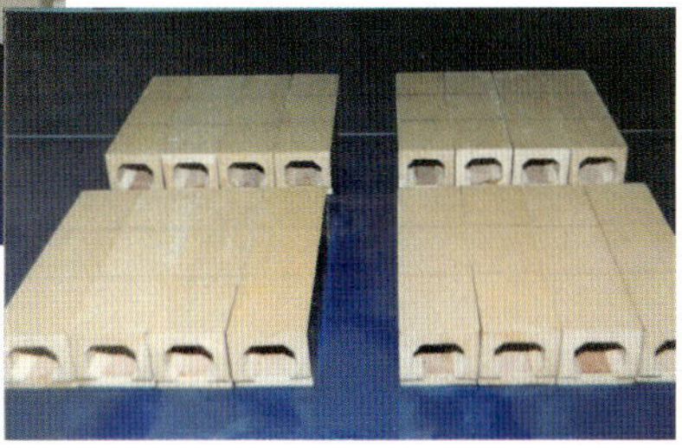

塔体下箱梁平面布置模型

（4）顶升

托换完成后，在承台梁与托梁间安放千斤顶。金刚塔本身重量约1350吨（含基础），加上托换后托架的重量700吨，顶升重量共约2050吨。延塔基周围共布置两组千斤顶，每组各18台200吨液压千斤顶，两组轮流工作。

整体顶升时，应对外加动力各作用点实际施加力进行观测记录，根据外加动力变化判断顶升时的异常情况。同时采用直尺、经纬仪对顶升过程中的建筑物偏位进行监测，利用水准观测监控基础沉降。同时加强上部结构观测，及时发现安全隐患。

2001年6月《昆明市官渡区妙湛寺金刚塔整体顶升方案》通过了国家文物局审批。2001年12月开始进行金刚塔整体顶升工程施工。

施工监测

顶升施工

顶升施工前的地质勘测

地质勘测样土

止水帷幕、反力桩、承台、千斤顶分布模型

止水帷幕、反力桩、承台、千斤顶、箱梁及周边“田”字形托架组合模型

金刚塔顶升结构分解模型，自上而下为塔体、箱梁及周边“田”字形托架、顶升千斤顶、承台及反力桩

金刚塔顶升结构模型

（5）就位

根据建筑物的抗变形能力确定顶升的分量，以分次控制。古塔整体顶升过程共分16次，每次抬升10～20厘米。顶升总高为2.7米。

将塔体顶升至预定位置后着手做金刚塔的新基础。拆除槽钢箍及封护钢板，十字券洞地面及塔四周5米范围内做石板地面硬化。

金刚塔整体顶升工程于2001年12月开始实施，至2002年7月顶升成功，顶升后解决了塔基长期浸泡问题，达到了设计预期目的。妙湛寺金刚塔在现代理念和现代科技的帮助下挣脱了沉降的命运，傲然升起，继续屹立在这古老而又充满生机的土地上，向人们讲述历史的沧桑。

顶升就位

官渡妙湛寺金刚塔全景

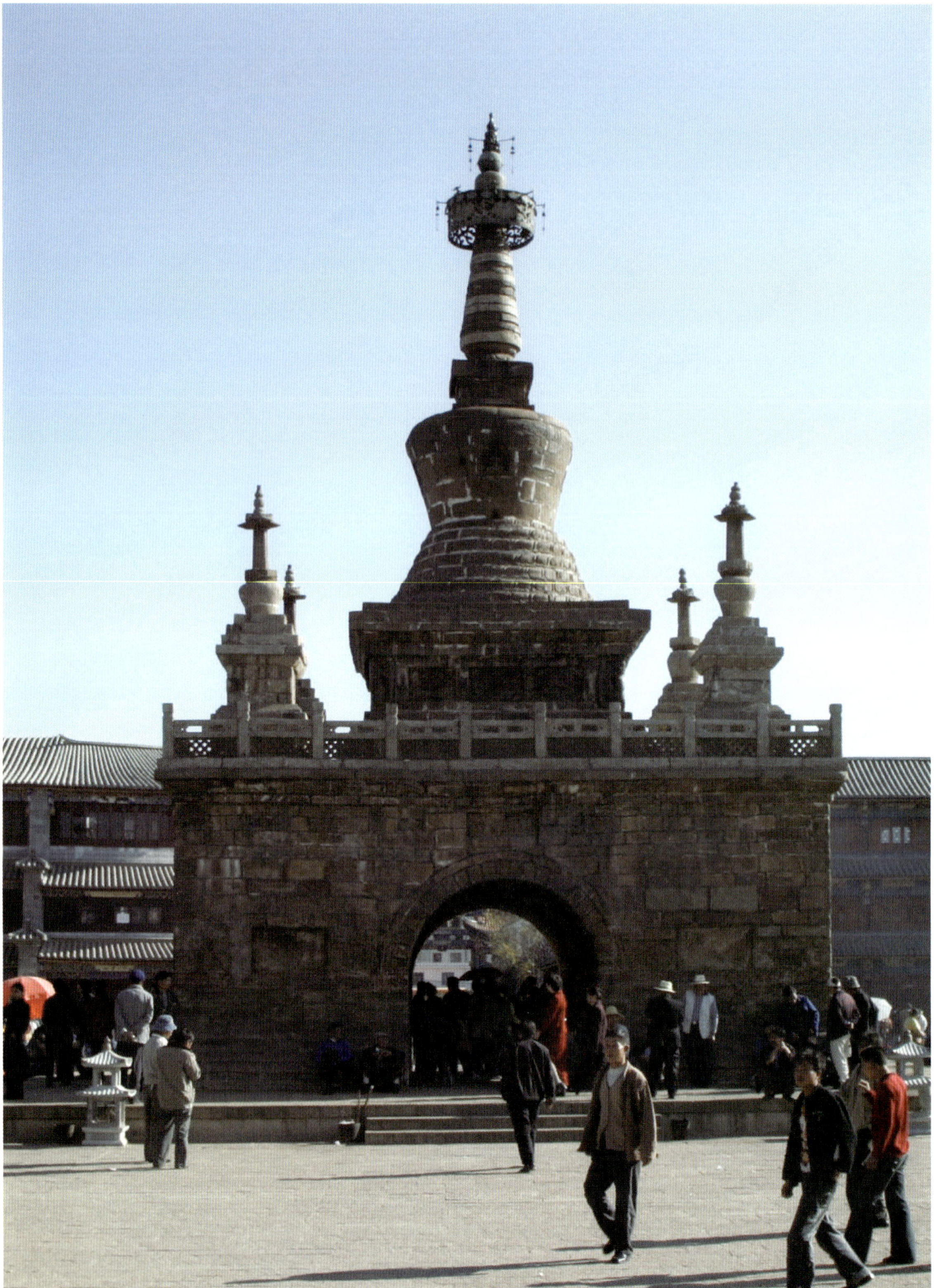

顶升后的金刚塔

第三部分 我国现存金刚宝座塔

郑琦在所著《中国金刚宝座塔探微》一文中记录了中国现存的十二座金刚宝座塔。然而，其中三座并不完全符合金刚宝座塔“五塔并立”的基本规制。

一座是河北正定广惠寺华塔，此塔建于北宋太平兴国二年（公元977年），通高31.5米，共分四层，各层檐下均配置砖制仿木构斗拱。一至三层平面作八角形，立面为阁楼式，第四层平面略呈圆形，外观如同一圆锥体。圆锥体交错彩塑菩萨、力士、禽兽、狮、象以及楼台亭阁等形象。底层四隅各建一六角亭，环抱该塔的一至二层。许多人把四隅的六角亭视为小塔，其实它们连为一体，仅为一塔。此类塔是北宋出现的新塔形，由于其整体就像一层层的荷花花瓣，称为花塔，也称华塔。

河北正定广惠寺华塔

另外两座是明代修建的甘肃张掖市的大佛寺千佛塔和民乐县的圆通寺塔（又称元统寺塔）。张掖市位于甘肃省西北部，是古代丝绸之路上的重镇，也是佛教传播的重要通道，印度佛教、藏传佛教对当地有着深刻的影响。大佛寺弥陀千佛塔和元统寺塔都建于明代，其主塔是塔身巨大的覆钵式喇嘛塔，小塔镇之四隅，小巧玲珑，亦是喇嘛塔式。但这两座塔四隅的小塔分为两层，计八座。这显然与金刚宝座塔五部五佛的理念不太吻合。因此，甘肃张掖市的大佛寺弥陀千佛塔和元统寺塔不是严格意义的金刚宝座塔。

甘肃张掖市的大佛寺弥陀千佛塔

甘肃民乐县的圆通寺塔

一塔居中多塔并立的这种佛塔也遍布于东南亚和云南省傣族地区，属小乘佛教的佛塔，其中柬埔寨小吴哥塔也具有一些金刚塔的特点。但关键一点是，这些佛塔与佛教密宗并无太大关联，因此不能视为金刚宝座塔，只是受到菩提伽耶大塔的影响而已。

云南盈江允燕塔

云南耿马白象寺塔

柬埔寨小吴哥塔

《中国金刚宝座塔探微》一书中提到的另外九座金刚塔的建造时间依次为：

“五台山圆照寺室利沙塔，明宣德九年（公元1434年）；

昆明官渡妙湛寺金刚宝座塔，明天顺二年（公元1458年）；

北京正觉寺金刚宝座塔，明成化九年（公元1473年）；

湖北襄阳广德寺多宝佛塔，明弘治七年（公元1494年）；

内蒙古呼和浩特慈灯寺金刚宝座塔，清雍正十年（公元1732年）；

北京碧云寺金刚宝座塔，清乾隆十三年（公元1748年）；

北京西黄寺清净化域塔，清乾隆四十七年（公元1782年）；

北京玉泉山顶妙高塔，清乾隆年间；

彭州金刚宝座塔（样塔）（1948年）。”

其中北京有四座，山西、内蒙古、云南、四川和湖北各一座。西藏作为佛教密宗盛传地区，却没有出现金刚宝座塔。这是因为藏传佛教把五部五佛的观念用寺庙建筑的整体形式进行了更宏大的展现。他们往往把一整座庞大的寺庙或者一座宏伟的殿堂建筑为金刚宝座式。如有“西藏第一座寺庙”称号的、始建于公元8世纪吐蕃王朝时期的、位于山南地区扎囊县的桑耶寺，整座寺院的布局以及主殿乌孜大殿的顶部均是按照密宗五部五佛曼荼罗建造的。围绕乌孜大殿，东南西北四面分别建造江白林、阿雅巴律林、强巴林、桑结林四座大殿并分别配有一塔。乌孜大殿高耸重檐攒尖屋顶，四角则各配有单檐攒尖顶阁楼。此类寺院在西藏、青海还有不少，如阿里的陀林寺迦萨大殿，萨迦南寺拉康堪坎，都反映出明显的坛城痕迹。

我国现存的九座金刚宝座塔中，除五台山圆照寺室利沙舍利塔为山西省文物保护单位外，其他八塔都是全国重点文物保护单位。这些金刚宝座塔的建立，无不与密宗的信仰有关，但又各有缘由。

一　山西五台山圆照寺室利沙舍利塔

山西五台山圆照寺室利沙舍利塔是中国现存建造时间最早的金刚宝座塔。该塔建于明宣德九年（公元1434年）。基座为方形石台，长12.2、宽10.5、高1.3米。基座中央为一高大的覆钵式砖塔，高17余米。基台四隅各建一座覆钵式的小砖塔，均高约5米。

山西五台山圆照寺室利沙舍利塔

据史书及碑刻记载，明永乐十二年（公元1414年），印度著名密宗高僧室利沙（公元1335～1426年）自西藏来京，向明成祖朱棣呈献了五尊金佛和印度式“佛陀伽耶塔”（即金刚宝座）的规式。成祖授其为僧录司阐教，居海印寺、能仁寺。明永乐二十二年（公元1424年）七月成祖驾崩，明仁宗封其为大善大国师，受命主持荐扬大斋为成祖“资福”。之后，室利沙至五台山寓显通寺。明洪熙元年（公元1425年）六月，宣宗复召其再至北京，主持荐扬大斋为仁宗“资福”，并召室利沙上殿令其翻译密教坛仪，颁行天下。明宣德元年（公元1426年）正月十三日，室利沙病逝于京城。

室利沙圆寂后，宣宗命御祭火化，将舍利一分为三，一塔于京西香山，建寺曰“真觉”；一命钦差太监杨英造塔于五台山普宁寺基，建寺曰“圆照”；一遣内监同山西布政使在太原府造塔复祭。可谓礼遇优厚。此后，太原室利沙舍利塔于明嘉靖二十六年（公元1547年）遇火灾被焚毁。北京真觉寺塔和五台山圆照寺塔至今还保存完好。

二 北京正觉寺金刚宝座塔

正觉寺位于北京市海淀区西直门外白石桥以东长河北岸。该寺原名真觉寺，原为明永乐十二年（公元1414年）明成祖赐建给印度高僧室利沙的修行之地，同时建有金刚宝座塔一座。但因各种原因，该寺直至明成化九年（公元1473年）方告完成。历时达47年之久。清乾隆年间曾两次重修。又因避雍正皇帝“胤禛”名讳，改寺名为“大正觉寺”，民间则习惯称为“五塔寺”。

北京正觉寺金刚宝座塔

正觉寺金刚宝座塔总高15.7米。宝座平面为长方形，南北长18.6、东西宽15.73、高7.7米。内部砖砌，外表甃石。宝座最下层是高1.78米的须弥座，周匝刻有梵文、佛像、法器等花纹，须弥座至宝座顶分作五层，每层出挑石刻短檐，四周刻佛龛，龛内各刻有坐佛一尊。

北京正觉寺金刚宝座塔细部照片

五塔均为青石砌成的密檐式，中央大塔高约8米，下层为须弥座，其上有十三层密檐，每层密檐下周匝刻有小佛龛及佛像。塔顶冠以仰莲、相轮、铜制华盖宝珠组成的塔刹。四角小塔形同大塔，亦为十三级密檐塔，高度约低中央大塔一米，塔檐十一层，塔刹为石制。

正觉寺金刚宝座塔的宝座及五塔的须弥座上的浮雕极为精美，是佛教艺术与石雕艺术的完美结合。

三　湖北襄阳广德寺多宝佛塔

广德寺位于湖北省襄阳城西13千米处，系明成化年间（公元1465～1487年）由隆中迁至此地，明宪宗御笔亲赐“广德禅林”。该寺一直沿用至今。

寺院内有建于明弘治七年（公元1494年）的多宝佛塔一座，采用的是金刚宝座塔形制。砖石结构，宝座高7米，呈八角形，上迭浅檐，下奠矮基，砖砌角柱，石雕龙首。各墙均设有壁龛，上供石雕趺坐莲台佛像一尊，各壁设有石雕券门四个，为八方形四券门。东侧设阶梯，可至上层。

五塔居中者为覆钵式喇嘛塔，高10米，下置须弥座，上置莲台，与塔肚承接；莲台上为相轮，铁制伞盖，顶置仰莲宝珠塔刹。四座小塔为中式六角形三层密檐式砖塔，六角攒尖顶。

广德寺历来是一座汉传佛教显宗寺院，具有很大的包容性。塔前石柱刻联“地接隆中鹫岭千峰云叠嶂，塔悬江上虎溪一派水环流”很好地说明了该寺的特点。“鹫岭”指的是印度旧王舍城灵鹫山（旧译耆阇崛山），表示印度佛教。“虎溪”指的是“虎溪三笑”的典故，后世视之为儒释道三教亲和之象征。这似乎可以解释广德寺多宝佛塔采用金刚宝座式且大小塔分别采用喇嘛塔和密檐塔、宝座采用八角形的原因。

湖北襄阳广德寺多宝佛塔

四　内蒙古呼和浩特慈灯寺金刚宝座塔

内蒙古是藏传佛教盛行的地区。慈灯寺是当时呼和浩特最著名的藏传佛教喇嘛寺院之一，是清代归化城内小召（即呼和浩特旧城的崇福寺）的属召，由著名的活佛阳察尔济喇嘛于清雍正五年（公元1727年）奉敕建造，清雍正十年（公元1732年）竣工。寺庙建成后，清廷赐名“慈灯寺”。

寺内后院的“金刚宝座塔”亦建成于清雍正十年（公元1732年），形制与北京真觉寺塔相近。该塔为砖石结构，平面呈“凸”字形，占地207.9平方米，通高16.5米。

内蒙古呼和浩特慈灯寺金刚宝座塔

宝座高8.65米，由须弥座和座身两个部分组成。座身周匝出绿琉璃浅檐七层，各层遍布佛龛，塑鎏金佛像计1199尊。须弥座壸门雕有五方佛的坐骑、法器、罗汉、力士梵文经咒和八宝装饰等，繁复精致。宝座南面开拱门，门上有蒙汉藏三文的“金刚宝座舍利塔”匾额。券门内主塔室为拱室，东西两侧各有一室与主室相通，东室内设梯道，石构二折二十五阶可通宝座顶面。内设无梁殿。

宝座上五塔鼎立，皆为多层密檐实心塔。中央主塔高7.82米，七层；四角小塔高5米，五层。各塔平面均为方形，随高度逐渐收分。素面须弥座，塔身第一层较高，四面装饰以浮雕，其余每层外部均设佛龛佛像，共444龛。每龛两侧有宝瓶柱，柱两侧上角和佛像上边，均有用梵文雕刻的“南无阿弥陀佛”。五座塔的塔刹皆为完整的小型喇嘛塔式。

该塔宝座及各塔塔身遍布佛龛，计1600多龛，故又称千佛塔。

五 北京碧云寺金刚宝座塔

北京碧云寺金刚宝座塔系清乾隆皇帝于乾隆十三年（公元1748年）敕建，位于碧云寺的后部塔院中。塔为砖石结构，坐西朝东，通高34.7米，是全国现存体量最大、高度最高的金刚宝座塔。

宝座平面呈“亚”字形，分为三层，外围均用汉白玉砌成，采用高浮雕法雕刻佛、菩萨、罗汉、天王、龙首、八宝吉祥、龙凤狮象马及花卉等。东面设券门，上刻“灯在菩提”四个大字。

在券门两侧开有券式通道，并有石阶梯盘旋而上，可直接登上宝座的台顶。座顶置塔十二座，除东侧南北两座喇嘛塔外，其他十塔分为两组，构成两组金刚宝座塔。一组共设须弥座，中塔塔身为覆斗形窣堵波，四角小塔为喇嘛塔式。另一组中塔高大，四角塔略矮，皆为中式传统的十三层密檐塔，塔刹则又为喇嘛塔式，配以大华盖。这种一塔两组、汉藏样式共存一体的金刚宝座塔在中国仅此一例。

北京碧云寺金刚宝座塔

北京碧云寺金刚宝座塔主塔塔刹

六　北京西黄寺清净化域塔

位于北京黄寺大街的西黄寺建于清顺治九年（公元1652年），是为达赖五世进京面圣所修建的驻锡之所，又被称为“达赖庙”。

据“清净化城塔记”碑文记载，清乾隆四十五年（公元1780年）秋天，班禅额尔德尼六世进京为乾隆皇帝祝寿，也曾住在西黄寺内，当年因病圆寂，舍利金龛送回西藏。清乾隆四十七年（公元1782年），清高宗为纪念班禅额尔德尼六世，在西黄寺内建造了班禅额尔德尼六世衣冠石塔，取名清净化域塔。

该塔宝座高 3 米，平面总体呈“亚”字形，白石、素面。五塔中，中央主塔为喇嘛塔式，高约 15 米。从下至上依次为八角形须弥座、四级多面体金刚圈、莲花座覆钵塔身、“亚”字形仰莲座、相轮、圆形华盖双重莲花塔刹，两侧垂云纹垂带。其中，须弥座、金刚圈、覆钵塔身均有精美浮雕。须弥座八面各雕有一幅佛陀故事图，转角处各有一力士造型。金刚圈周围饰以流云坐佛，覆钵塔身正面有佛龛，浮雕三世佛，周围雕有菩萨立像八个。

四角小塔高约8米，均为八面体七级经幢式塔。中间三层较高，四面都雕刻佛坐像及经咒。

北京西黄寺清净化域塔

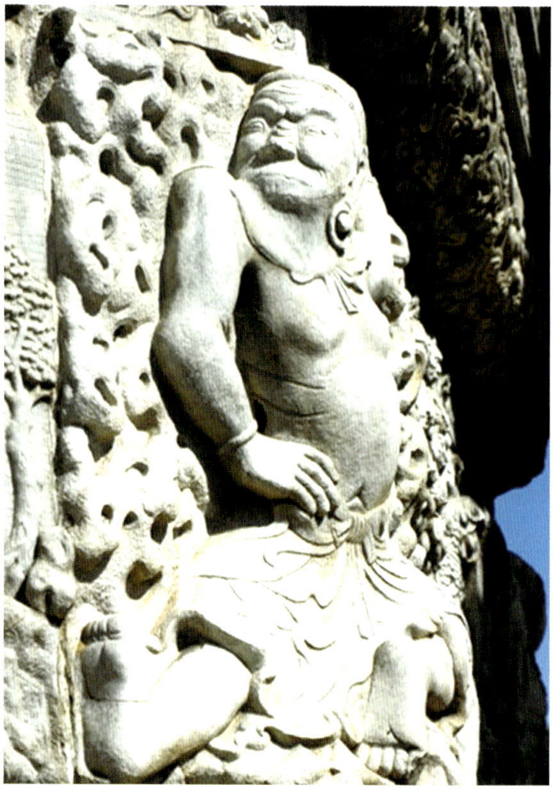

北京西黄寺清净化域塔局部

七 北京玉泉山妙高塔

玉泉山北峰顶的妙高塔建于乾隆年间，砖石结构，高约17米。基座为砖石砌筑的立方体，四面设屋宇式券洞门，基座平台上五塔并立。中央大塔塔座由八面体台座和仰覆莲金刚圈构成，卵形塔身，上面是相轮和塔刹。

与之相比，四角的四座小塔显得矮小，塔基较低，塔身为圆柱形，上覆瓦檐，其上十三圈相轮，刹顶为立杆。

妙高塔受限于山顶的狭窄地形，体形紧凑瘦长，显得玲珑峭拔。从整体造型上看，其风格与妙湛寺金刚塔有诸多相似之处。

北京玉泉山妙高塔

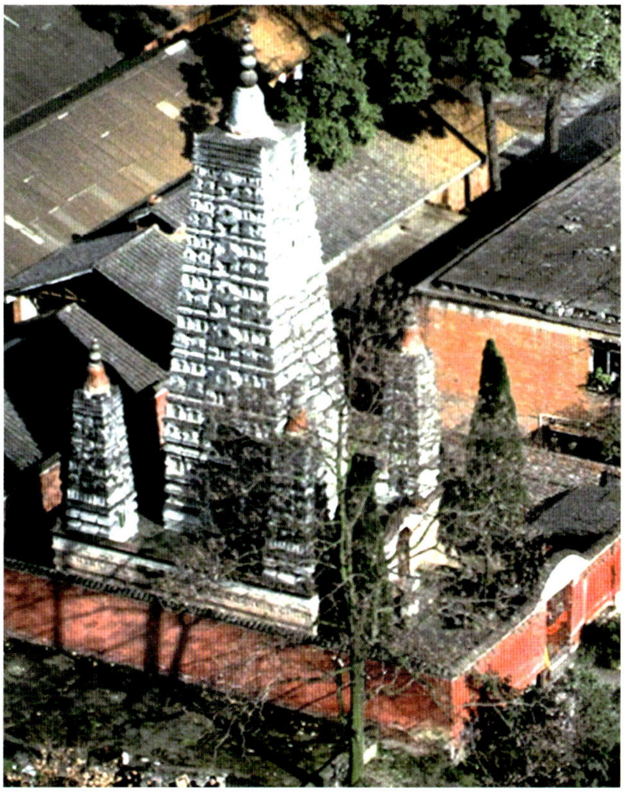

彭州龙兴寺金刚宝座塔

八 彭州龙兴寺金刚宝座塔

四川省彭州市龙兴寺金刚宝座塔建造时间较晚，为1948年。当时能海法师到龙兴寺讲经弘法，见原有的密檐塔坍塌残缺，故倡议重修。

能海法师（公元1886～1967年）俗姓龚，名学光，字辑熙，四川省绵竹县人。早年从军，曾任云南陆军讲武堂教官，辛亥革命后出家，先随涪陵天宝寺住持佛源法师学习显教经典，后两次进藏求法，历时十余年。礼康萨仁波切为根本上师，成为大威德无上密乘法统的第二十九代祖师。

能海法师认为佛教起源于印度，重建龙兴寺塔就想建一个印度式佛塔，决心要从印度“搬”一个金刚宝座塔到彭县来。他亲自到加尔各答菩提伽耶道场取回金刚宝座塔的图样，又从民间请来一位雕造工艺较好的石匠，于1948年动工，在古塔东侧建造样塔。1949年主体完成，因故停工。直到1985年夏，才安装铜质宝顶并进行装修。

当然，能海法师从印度取来的塔样，是菩提伽耶大塔1870年修复后的式样。该塔基座15米见方，主塔高12.3米，四隅塔高8米，均为方锥体塔。塔表开龛供佛菩萨像844尊，塔内装藏经、典像、图、器等法物。

该塔虽然建造时间较晚，但是其样式是我国现存金刚宝座塔中最接近印度菩提伽耶塔的一座,和泰国清迈斋育德寺塔相似。

从我国现存的金刚宝座塔来看，中国工匠在建造过程中并不拘泥于固有模式，而是把覆钵式、密檐式、经幢式、亭阁式的元素灵活应用到工程之中。特别是覆钵式，作为蒙藏人民喜闻乐见的建筑形式，在金刚宝座塔的建造中被广泛使用。而纵观金刚宝座塔的演进，可看出从明代妙湛寺塔、正觉寺塔到清代碧云寺塔、黄寺塔，中国的金刚宝座塔经历了一个由拙朴到繁丽的过程。台基从原先的单一到后来的二重及至三重，空间布局也由单纯变得更为丰富。

附录：官渡妙湛寺金刚塔相关碑文

新建石塔颂

去滇城二十里地名官渡

有大刹曰妙湛其轫构始

末俱载碑文天顺改元之

明年斯塔新成

钦差镇守云南太监罗公命吴门陈

谦为之颂颂曰

如是我闻佛所说□□功□乃

福聚宰官长□□□□□□欢

喜发宏愿施金□□施人□僦

工购材成胜事□辉□立五浮

屠高大光明见宝仪东西南北

辟四门通达十方无障碍上璨

虚空日月明下镇大地安品类

风鸣铃铎演法音一□□□□

清净光照山林及河海□□□

情饶利益阴翊

王度帝道昌宁谧边境烽烟息雨顺

风调五谷登四境人民皆乐凿

断除烦恼寿命长仰戴

大明亿万岁稽首多宝佛如来圆我

无边种种智

大明天顺戊寅年春二月初吉立

新建妙湛禅寺石塔铭

□□大宝之二年

钦命镇守云南太监罗公偕

总兵□征南将军右都督沐公叶谋

□石塔于妙湛寺前凡佣工镶石所

□功力悉出己资一毫弗烦于民

□□功德上祝

寿无疆□雨旸□□□境宁□□□

既成爰命□□□□□□□□□□

大明□□□□□□□□□□□□□

□□□□□□□□□□□□□

□□□□□□□□侃侃□□

□□□□□□□□□佛□□

诸□□□□□□□□□□□□

金□□□□□□□□□□□□

罔□□□□□□□□□□□□

三塔□□□□□□□□□□□

下跨□□□□□四达□□所□□

具蒙解脱□□□□祝

皇国□□□□□□□永□□檀□

□□□□□□清□稔□□人乐□

□□□□□功德弗磨□□

大明天顺戊寅年春二月吉旦立

金刚塔塔铭之提调建立

如来降生延寿无量宝塔

如来成等正觉菩提宝塔

提调建立

西竺乌斯藏□剌□兼住五台山锦绣峰太华寺宝自在吴禅师

前驻当山□一□

□□□田真李玉李珍黄

罗□□□□□□□罗文□□罗□□□

陈□□□求佛妙（十九人）

十百户

僦工二班五十二□□□□□□政杨盛昼匠璘

一班张友道焦源□□□□□□等二十七人□□宣□□□□

二班彭亮刘昇路景等二十五人漆匠□□□□□□

石匠汪文海刘海□□□□□沈义邓海刘阿闰等十五人

堆砌匠彭又才候材□□□□□□夏贵等十人铁匠□□

运石张□杨英□□李□□□□等三十人匠□□□匠毛□

大明天顺二年次岁三月住持立石

新建妙湛寺石塔记

特进荣禄大夫总兵

正奉大夫正治卿云南

通议大夫资治尹云南等

（一行）云南远在西南万里自归职方以来涵濡

（二行）圣化民恬物熙视同内壤郡城之南二十余里有寺曰妙湛前元(下缺十五字)

（三行）滇睹兹荒□□□新之□□庚午余奉

（四行）命继镇云南壬申公亦奉

（五行）命同镇是邦政通人和边境无虞乃即寺之前辟地复造浮图一规（缺十四字)像

（六行）石不朞年而成□□记□余余赏观佛经有云造塔如庵罗果□□十□□德盖由公

（七行）以发菩提心成此大功果自非与佛有缘亦何能成就若是哉矧滇□密迩天竺其

（八行）盖因俗为化而以不治治之也曩余曾祖黔宁昭靖王

（九行）国朝初以兵平滇而凡塔庙丛林悉仍其旧废者兴之坏者葺之是亦因俗为化之意也余

（十行）恩命继镇于兹与公同事今公以是为请乌能己于言乎因述梗概以记岁月经始于天顺

（十一行）寅（演）之三月若夫山川之形胜轫造之颠末详具土僧杨庆参政陈逊所撰碑文兹不赘

大明天顺二年岁次戊寅四月吉日住持信固立石

妙湛寺增建佛殿记

嘉议大夫云南等处提刑按察司按察使东吴吕困 撰

中奉大夫云南等处承宣布政使司右布政使余姚胡渊书丹

中宪大夫云南等处提刑按察司副使平凉张凯篆额

滇池之东约三百余步有古刹曰妙湛乃前朝所造而颓圮已久今钦差镇守太监罗公珪大为兴复三佛有殿万佛有阁轮藏尊严禅室宏敞以致庖庾门庑垣墉街级井然序然布置得所他如斋供之仪物应用之器具莫不鼎造维新百无一缺门之外标以石塔其中诸佛神像绘塑罗列金碧鲜明丹青炫耀诚甲于滇南诸寺也中奉大夫右布政使古闽陈逊既述其概于前征南将军右都督古濠沐璘复记其美于后则凡公之所以兴复其地化导斯民之意皆勒之金石而不磨矣公因睹滇之夷民笃信斯教盖欲随其所好而抚化之乃又辟寺之左地建毘卢光明二殿奉清净法身暨千百亿化身佛栋宇翚飞廉隅整饬视前之壮丽愈加焉兴工于天顺壬午冬毕事于成化乙酉春佥谓盛事不可无述遂征文于余呜呼释氏之教始于西夷汉时入我中国盖其言以空为主以不杀为训以慈悲为劝故愚民易从而王公大人亦多敬信之太监公体

朝廷之心抚安军民而能随夷俗所好因以化之其亦可谓善于抚绥者矣若夫岁时令节祝延

圣寿则又公拳拳敬心所寓也宜铭于石以垂有永铭曰

滇池左区古佛宫　碧鸡峙西金马东

隐映水光山色中　大为兴复有讵公

革旧鼎新罔计功　名乡述文耿如虹

重构殿宇赫且穹　巍巍梵相黄金容

夷民耸胆起敬恭　景仰归慕日益荣

上祝万万寿圣躬　四海玉帛来会同

下祈年年百谷丰　十日一雨五日风

官清民乐寇无踪　边方宁谧诸蛮从

六诏草木春融融　治化休明帝道隆

大明成化元年十二月吉旦住持信固立石

钦命镇守云南太监罗公讳珪墓志铭并序

兰城张凌云大章甫 撰

公讳珪姓罗氏昔宣德时奉命来滇镇守择署于会城南郭外即今官渡□□□（罗衙村）公姓传焉公性慈好义喜舍弗吝政暇缘谋沐公为培风计建穿心宝□□□□（塔于官渡公）不扰悉出己资并重建妙湛寺巨刹置田若干亩于衙地为苾刍焚修费其他功德□□不胜屈寺僧正定感戴公德沧然孤冢将渐颓泯没于荒烟蔓草因清绅士乡耆重修立石丐余言以志其墓余何以志亦惟公之乐施好义者为公志之不没善意云尔爰为铭铭曰

缅彼罗公 简俾滇中 沐公叶镇 化俗培风

浮图矗建 四达玲珑 独完善果 民力弗庸

郭文志美 铭颂才雄 布金妙湛 殿阁巍崇

置田供养 祝国祈年 爱遗古渡 碑树塔东

精勤报主 尽瘁以终 民人留榇 窀穸螺峰

柿园高枕 杏圃看红 华山昆水 永记德功

乾隆五十一年岁次丙午仲秋

上浣之吉主持正定率监院常臻暨阖堂大众等同立

创建妙湛寺碑记

昆阳长松山普照寺沙门云峰普祥 撰并书丹

滇城之巽东南方隅二十里有郭曰蜗洞西北瞰碧鸡金马烟波秀洒云水杳霭东南瞩琅藏宝江环注诸滇林壑岈洼田畴丰穰宅民素朴尤笃于浮图氏乐乎渔樵艺植茂林修竹之趣乡士大夫游赏缆船于渡头吟啸自若陶陶而忘返命之曰官渡故有停舟之赋乃古拓东演习高侯之苗裔生世攸乂之所也

城有轨范僧姓杨名庆老莅众倜傥事不龃龉业擅于瑜伽显密德伏于狞龙猛虎召弟子曰生寄蜉蝣命若朝菌壳穿雀飞将为噬脐矣吾欲崇修梵刹寅昏嵩呼皇元无疆之寿抚毓黔庶之德不亦伟乎佥避席曰虽不敏请事斯语矣遂罄仓赀裒工于至元庚寅即于郭外江北浒鼎新梵宇额曰妙湛肇构虚阁曰妙德次建大殿曰总持肖能仁寂默庆喜饮光菩萨应真崇其中又盖丽谯以安业虚深省闻闻落成于元真改元奂宏俪极一时之胜慨彼缘基址沮洳罔克

以寿庆之嫡孙曰宗曰中曰善曰福塞渊一心聿修厥德谂于蒸曰（目眷）此招提抑不肖祢之所创也阅三纪有余載将湮汩于氾滥拟移建城中艮陬塽垲之地丕显祖考之业伏企仁者助成庸情于是旎倪翕然一诺百堵咸兴重新泰定丙寅成于明年

有李兴贤者偕其子生陵二昆季即寺昧谷别敞绀殿像设毗庐其庭殖其楹觉其正哙其冥哕渠渠于仍旧寘以膏腴田亩刻于碑阴

用图不朽慨虚其席郁陶如也公议日耆德讳正号方山者受业于法定寺住持觉海圆师戒珠鹤白意地砥平仍法门柱础者也确请而尸之寔丑齿寒之弊自是民于农隙爰诹爰度求福不回湖海龙象雪笠云袍磅礴结辙焉

元统二年冬方山谒予昆阳之长松语以厥绩靡监需文以志权舆予曰懋哉莫莫葛藟施于条枚其是之谓乎妙湛总持不动尊斯楞严之衿喉也妙湛则法身罔为总持乃般若端严不动繄解解赴感百川一月三德一伊心境交葛如宝丝网俾夫见者闻者本有之善油然而作殒舜若多性发湫懈之沤荐烁迦罗心方金刚之固不劳肯綮孰贤于此哉矧夫历间罹萧墙之置靡有孑遗独兹刹幢嶷然而免回禄者盖神之枯愿之力焉故云三天弥口而行业湛法者信□□□盍□□曰

金轮统□海冥□□恩沾万国齐家泽天□□皇元混一寰宇绥厥黎民德口仁煦世雄不作作必□□道无隆替弘之由人刹种口侧乃净乃触或婴六极有享五福妙湛俨然总持日严冉冉缁云渊珠出潜绳绳迨今口范祇肃佛祖愿轮□□□□南山其松载苍载穹不基茂绩与之无穷

时元统三年正月念三日本寺功德主阿佐梨杨庆僧官文僧官情僧官真杨中杨宗杨善杨福重建功德李兴贤李生陵开山第一代住持方山正禅师